JN044929

比較経営研究 第45号

日本比較経営学会 編

Japan Association for
the Comparative Studies
of Management

ISSN1882-0670

CSRの再検討

CSV経営の可能性と課題

文理閣

編集委員会

委 員 長　島内　高太（拓殖大学・学会理事）

　　　　　國島　弘行（創価大学・学会理事）

　　　　　小島　　愛（立命館大学・学会理事）

　　　　　根岸可奈子（宇部工業高等専門学校・学会理事）

　　　　　松本　典子（駒澤大学・学会理事）

　　　　　横井　和彦（同志社大学・学会理事）

巻頭言

　日本比較経営学会は、この2年間「持続可能な社会と企業経営—地域からみたSDGs（持続可能な開発目標）—」（2019年）、「CSRの再検討—CSV経営の可能性と課題—」（2020年）をテーマにSDGsとCSR、CSVの展開、その中でのその実装化を検討議論してきました。1年以上に及ぶコロナ禍で大学の教育・研究・運営が困難と転換を経験しているなかで、『比較経営研究』第45号を本学会の会員の皆さんの手元にお届けできることを大変うれしく思います。これは第45回全国大会を開催された東洋大学の劉永鴿大会実行委員会委員長と本号の編集委員会のご努力の賜です。あらためて感謝申し上げます。

　その成果をうけて、また時代の画期的変化のなかで、比較経営学会は次の2つのテーマ、ポスト株主資本主義とポストコロナの時代の経営と経営学のあり方の探究という課題に移っていきたいと思います。

　2020年7月18日国連グテレス事務総長は、故マンデラ氏の誕生日記念の演説のなかで、新型コロナの世界的パンデミックがそれまでに潜在化していたが、目をふさいできた実体経済のぜい弱性、レジリエンスの弱さ、リスクを露呈し、医療体制の不十分さ、社会保護の欠如、構造的不平等、環境破壊、気候変動を白日の下にさらしたと述べています。コロナ禍は、現代資本主義の内在的諸問題をより深刻化させただけではなく、それらを赤裸々に照らし出し、浮き彫りにし、気づきを促す機能を果たし、さらにそこからの再編と転換が必至であることも明らかにしています。われわれにとってエッセンシャルなものとは何かが問われています。政治的自由、民主主義国家の役割と、経済的自由、市場選択（移動、営業ビジネスの自由）とが対立し、わが国における新自由主義的政府の無能さ（検査小国、医療の空洞化、デジタル敗戦）も明らかになってきています。外需主導経済・経営から内需生活（安心安全）主導の経済・経営へ転換が迫られています。

　日本比較経営学会は「フォーキャスト思考」と「バックキャスト思考」が共にできる優位性を理論的にも伝統的にも備えています。一方では、市

場経済と企業経営および社会の実在的多様性を尊重し、その相互の違いから学び合い、自らのシステムを発展させていくという視角で企業経営を観察し研究します。それによって市場性と社会性のグローバル・各国・各地域・各企業・各現場の重層的な共通性と差異性を明らかにします。他方、経営学批判にとどまらず、人間の至高性と共存・共生にむけて、社会が一体的となり、同時に多様性を内在化した協働と連帯のアソシエーションの創発が経営学の本質であると考え、そこから現実の諸傾向と運動の諸限界を指摘し、展望的方向性も示唆します。

　本号の4本の投稿論文と研究ノートおよび書評はその点で学会の研究の優位性を示すものです。「特集」は諸般の事情によりすべての報告者の論文がそろわなかったことは残念ですが、2本の特集論文と講演会記録は現在のSCRとSDGsそしてCSV経営を立体的に解明しています。

　根岸可奈子論文では、一方では、各国政府や国際機関、NGO、企業によって地球的規模のネットワークが形成され、問題解決のための協働の場が生まれてきているが、他方、SDGsが提唱された前後に、経済的動機に結びつくところでは成果が出ている。だが、企業全体のレベルで大きな変化がまだ見られず、企業の社会的責任の表明と実施がイコールではないことが明らかにされています。続く道満治彦論文では、5つの「外圧」の下で、日本のこれまでの環境政策と企業行動が大きく変化する可能性が高いことを指摘し、コロナ禍はそれをさらに加速させることを予想しています。2つの講演（有本氏と染谷氏）をまとめた樋口晃太・日高克平論文は、顧客や第3セクター、社会との提供価値をめぐるコミュニケーション循環が開始され、ステークホルダーとの対話の繰り返しがCSR、CSV、SDGsのビジネス実装を始動させている点を明らかにしています。

　これらの成果が2021年以降も日本比較経営学会のなかで継承・発展させられることを切に願っています。

2021年6月15日

日本比較経営学会

理事長　田中　宏

目　次

研究ノート

書評

英文要約　　　　　　　　　　　　　　　　　…202

特集によせて

CSRの再検討―CSV経営の可能性と課題

日高　克平（プログラム委員会委員長）

國島　弘行（プログラム委員会委員長代理）

　2019年度大会では、統一テーマを「持続可能な社会と企業経営―地域からみたSDGs（持続可能な開発目標）」とし、国連の提案による持続可能な社会のためのSDGsが世界と地域の存続に大きな意義を持っていることを明らかにした。今、企業には、本業のなかでSDGsを実装化することが求められている。そこで、2020年度の統一テーマを「CSRの再検討―CSV経営の可能性と課題」とし、「企業の社会的責任（CSR：Corporate Social Responsibility）」を歴史的・理論的に再検討し、それとの関連でCSV（Creating Shared Value：共通価値）経営における実践的・理論的分析を行い、企業経営へのSDGsの実装化状況を検討したい。

　2006年コフィー・アナン国連事務総長（当時）は、投資ファンドの短期主義を危惧し、国連責任投資原則（Principles for Responsible Investment：PRI）を提唱し、投資ファンドにESG（環境＝Environment、社会＝Social、コーポレート・ガバナンス＝Governance）投資、すなわち投資先企業に環境や社会を重視させ、長期主義のためにコーポレート・ガバナンスへのエンゲージメントを行うように求めた。

　2019年8月19日、アメリカ経営者団体Business Roundtableは、企業目的を、1979年以後続いてきた株主第一から、顧客、従業員、取引先、地域社会、株主という多様な利害関係者への貢献に変更し、株主にも短期でない長期的株主価値を提供するものとした。企業経営や企業投資のあり方が大

きな転換期に来ている。

　M.E.ポーターは、2006年、ハーバードビジネスレビュー誌に「共通価値の戦略」を発表し、「CSV経営」を提唱した。1980年代以後「偏狭で近視眼の金融市場」の圧力の下、企業が、従業員や地域社会を犠牲にし、顧客ニーズや長期的な成功を無視し、「財務業績を短期的に最大化」することで、「資本主義は危機に瀕している」とした。そこで、「社会のニーズや問題に取り組むことで社会的価値を創造し、その結果、経済的価値が創造されるというアプローチ」である「共通価値」の原則を提唱し、製品・サービス、バリューチェーン、地域産業クラスターにおける「CSV実践のための3つのアプローチ」を提案した。すでに、CSV経営やSDGsの企業への取り組みは、国内外の企業で広く行われてきている。

　他方で、やっている「ふり」をするグリーン及びSDGs「ウォッシュ」も問題になっている。ピーター・フレミングとマーク・ジョーンズは、『CSRの終焉—資本主義における役割を問う』において、CSRの批判的政治経済学を、CSRによって企業を「自由な参加型民主主義の手段」に政治的に変革しようとする「万能薬としてのCSR」論、グローバル資本主義の持続不可能性を持続可能にみせる煙幕（隠蔽や無関心化）としてCSRを定義する「プロパガンダとしてのCSR」論、「CSRは、企業が生み出した社会的な問題から利益」や株主価値を高める「バイオ・ポリティカル（生政治）な支配」と捉える「パラサイトとしてのCSR」論という、3つのパースペクティブに整理する。CSRについて、企業・資本の隠蔽や支配の手段の側面と、企業への社会的規制や民主化の手段の可能性とが議論されてきている。

　当学会では、これまでCSR論については度々検討を重ねてきたが、「CSV経営」も含めて再度検討したい。人権、労働基準、そして環境等への企業のグローバルな取り組みは、喫緊の問題となっている。企業経営における収益性と社会性、自発性と社会的規制、そこでのビジネスモデルや社会・経済のあり方、国地域の相違等、CSRについて議論を深めたい。

（ひだか　かっぺい／中央大学）

（くにしま　ひろゆき／創価大学）

多国籍企業のSDGs実装状況に関する一考察
——アパレル産業を中心に——

根 岸 可奈子

1. はじめに

　2015年に国連において持続可能な開発目標（Sustainable Development Goals：以下SDGsと略称する）が採択された。2000年に採択された国連グローバル・コンパクト（United Nations Global Compact：以下GCと略称する）は初めて国連が企業に直接呼びかけた10原則であったが、それから15年が経過しSDGsはより具体的に企業へ諸問題の解決を求めるようになった。大企業を対象に行ったある調査によると、サステナビリティ報告書内でCSR活動とSDGsを関連付けている企業は約4割に達しているという[1]。こうしたSDGsと結び付けられた企業の活動は、SDGsが掲げている社会的な課題の解決にどれほど寄与しているのだろうか。その取り組みはどのように企業の国際的な経営を変化させているのだろうか。

　SDGsを提唱している国連と多国籍企業は、常に歴史的にパートナーとして協調的な関係を築き共に問題を解決してきたわけではない。1970年代に起きた「多国籍企業行動基準」に関する議論は、1国家による多国籍企業の規制が限界を迎えていることを一因とし[2]、強制力のある規制を国連が多国籍企業に対し課そうとするものであった。国際的な問題について双方が「パートナー」になることが増えたのは、国連において多国籍企業基準が潰えた後、コフィー・アナン元国連事務総長によって提唱されたGCの頃からである。国連における企業は当初 'private sector' であり、「国家との対比で非公式な存在であり、国家を補完する存在」であったが、国連は国家と、企業を代表とする 'private sector'、そしてNGOを代表する

'civil society' から構成されるという 'constituencies' という概念を自ら生み出し、企業やNGO等との関係を変化させてきた[3]。

　今や企業にとっても国連とのパートナーシップは珍しいものではなくなった。プラハラードがいうように、これまで国連はもちろん様々な国際機関や政府、市民社会組織が手を尽くしているにも関わらず、現在もなお貧困は撲滅されていないという状況下にあって、多国籍企業にはSDGsやGCへの賛同以上に、一定の役割と成果を求められている[4]。ただし、多国籍企業の経営活動に起因する問題は枚挙にいとまがなく、両者の関係はブルー・ウォッシュとして批判されることも多い。

　本論においては、まず多国籍企業が起こしてきた問題を例示しながら、国連と多国籍企業の関係がいかに変遷してきたのか歴史的に整理する。次に、多国籍企業のなかでも多くの途上国にグローバル・サプライチェーンを展開するアパレル産業の主要4社（Fast Retailing社、H&M社、Inditex社、Gap社）に焦点を当てる。同産業は、途上国が経済的に成長する際のカギを握ることが多く、多くの雇用を生み出してきた反面、環境や労働に関して長らく問題を抱えてきた[5]。しかし、この4社はSPA（Specialty store retailer of private label apparel）を用い競争優位を築いており、そのビジネス・モデルの修正は容易ではない。これら先進国の企業から生産を委託される工場を抱える途上国側もまた、問題を認識しているものの、その貿易形態は大きくアパレル産業に依存している。続いて、上記4社のサステナビリティ報告書についてテキスト分析を行う。多国籍企業と国連の関係性が変化するなかで、4社の関心対象や分野、ステークホルダーへアピールしたい内容もまた変化してきたのか、そして、SDGs賛同表明前後に行動の変化があったのかを明らかにする。

2. 多国籍企業と国連の関係変化

　多国籍企業の国境を超えた問題が後を立たない。古くは1970年にチリの大統領選挙へアメリカの多国籍企業が介入しようとした問題が挙げられる。これは、社会主義のアジェンデ政権が成立した際に、ITT（International

Telephone & Telegraph Corporation）が大統領選挙に干渉しようと企図したものである。これを機に、国連においては主に欧米先進国を母国とする多国籍企業が途上国において起こす問題について、1974年多国籍企業委員会が発足し、「多国籍企業行動基準（Code of Conduct on Transnational Corporation）」に関する議論が始まった。「基準」は一定の強制力を有するものが模索されていたが、多国籍企業の主な母国である先進国と受入国側の途上国による対立、冷戦における東西の対立、多国籍企業が経済成長のエンジンになるという認識が途上国に浸透していったことを主因とし、1992年に多国籍企業委員会は消滅し、国連における多国籍企業に対する国家間の合意を確立することはできなかった[6]。

　委員会の消滅と前後するように、Nike社の途上国における生産委託先工場の労働や環境に関する問題がメディアによって取り沙汰された。Nike社の製品は、Nike社自身の工場ではなく、労働コストがより低い途上国の生産委託工場で生産されている。この問題は、次章でも述べるように多国籍企業の世界的に展開されたサプライチェーンが起こす労働や環境の問題を提起し、多国籍企業の責任が問われるようになったきっかけとなった事例である。

　さらに、2020年にもNike社の事例同様に、多国籍企業のサプライチェーンにおける問題がオーストラリアの研究所によって指摘されている。中国にある複数の工場でApple社、BMW社、Gap社、Huawei社、Nike社、Samsung社、Sony社とVolkswagen社など、少なくとも82の有名なグローバルブランドに関する製品の生産が行われている。しかし、そこで働く労働者は、新疆ウイグル自治区の最西端地域から中国政府によって大量に移送されてきたウイグル人やその他の少数民族であり、強制労働が強く示唆されている[7]。

　1970年代に始まる相互依存関係の深化や急速な技術進歩の影響もあり、多国籍企業の生産と市場は国境を超えて各国の経済成長に寄与してきた一方、引き起こす問題も国境を超えるようになっていった。言うまでもなく、こうした問題は、統制できる範囲が国境内に限られている一国家の問題解決能力を超えている[8]。多国籍企業の行動に一定の制限をかけようとする

場合、多国籍企業の行動範囲と各国政府が統制できる範囲の違いが根底的な問題として指摘されるが、国家より広範な行動範囲をもつ多国籍企業に対し、「世界政府」は存在していない[9]。「世界政府なきグローバル秩序の管理・運営（Governance without Government）」[10]のなかで、多国籍企業の国境を超えた経営活動がもたらす問題には、どのような解決方法があるのだろうか。

　SDGsは国連がその1つとして提唱しているものである。むろん、SDGsが取り上げる課題のすべてが多国籍企業の行動に起因しているわけではない。それどころか前述したように現在多国籍企業は、SDGs達成について期待されているアクターの一角である。SDGsにおいてはGC同様規制ではなくパートナーシップによる問題解決が模索されているが、これはSDGsに限らずグローバル・ガバナンスの特徴の1つである。「世界政府」が存在しないなかで、各国政府や国際機関、NGO、企業に代表される多様なアクターによって構成される地球規模の「ガバナンス」のネットワークを通じて問題の解決が図られており、パートナーシップはその新しい手法の1つである[11]。

　1970年チリ大統領選挙への介入が発覚した当時、多国籍企業と政府、国連といった特定のアクターしか存在していなかった。しかし、Nike社の事例においてはグローバルに活動するNGOやメディアが大きな役割を果たした。特にNGOのような市民団体の存在は真新しいわけではないが、通信、輸送、生産のグローバル化により、彼らがグローバルな問題について国際的なイニシアチブをとる回数や活動、目立ち方は爆発的に増えていった。彼らは、グローバルな規模の情報ネットワークを活用し、国家間の枠組み内では取り上げられず解決に至っていない国際的な問題を発見できることも多い。さらに、その問題に注目が集まることは自身の活動資金に結びつくため、メディアとの繋がりが深化し、見つかった問題に対する市民の関心が高まるようにするといった特徴を有する[12]。

　各国政府の規制緩和や民営化に関する政策もまた、GCやSDGsのようなパートナーシップに基づく問題解決を推し進める要素の1つとなった。ラギーはトニー・ブレア前イギリス首相による「第三の道」などを例示し、

「政府は自らが直接統治する役割の代わりにCSRイニシアチブと官民パートナーシップを推進した」としている。多様なアクター間のネットワークによる問題解決は、もともと行動範囲が異なる多国籍企業の問題が1国家の許容を超えることを一要因とし生み出された手法であるが、「小さな政府」を目指す多くの政府は企業の国内の活動に対しても規制を課すのではなく、自発的なCSRを促すような政策を採用していった[13]。

　こうした政策は政府の「負担軽減」になると同時に、企業の自発性に委ねられた問題解決を促進させる。SDGsに関して現在日本政府は力を入れているが、その理由の1つはこうした費用面の問題やSDGsが残す「曖昧さ」にもあるのではないだろうか。洗練された統計システムをもつ先進国においても、SDGsに対するモニタリング・フレームワークを求める声は多い。2019年の段階でSDGsターゲットのうち45％については国際的に確立された方法があり、これに基づき50％以上の国が通常データ収集を行っているものの、38％はそういった方法や基準があるにも関わらず一般的には収集されておらず、14％についてはそもそも国際的に確立された基準すらない[14]。

　こうした変化を受けながら、1990年に提唱されたGCはもちろん多国籍企業を統制しようとするものではなく「パートナーシップ」によって問題解決に臨むものであり、国連がその正当性をもって旗振り役となり、企業が社会に対する責任を負っていることを前提として、あくまで企業が自発的にGC10原則に関する行動をとるよう誘導するものとなった[15]。このやり方は、GCだけではなくその後のMDGs（Millennium Development Goals）、そしてSDGsに受け継がれていった。同時期にOECDやILOが実施していた法的拘束力のある基準づくりにはこだわらないアプローチや対象を限定するやり方が、一定の成果を挙げていることを反映している面もある[16]。アジェンダ21においても、企業は「統制」する対象ではなく「パートナー」として扱われるようになった[17]。ただし、人権分野は国連において別の枠組みも同時に有している[18]。

　2000年以降GC、MDGs、そしてSDGsにおける企業と国連の関係は「基準」作成時とは異なる。企業が諸国家の代表から成る国連によって一定の

制限を課されるという「上下関係」ではなく、企業は国連や関連諸機関と水平的な「パートナーシップ」を自発的に結ぶというものに変化した。こうした動向は、国際社会における多国籍企業の影響力の強大化を示すものでもある。国境を超えてネットワークを展開し資源を行き来させる力は、従来国家の代表者とその他で構成されていた国連において新たなアクターとしての地位を確立させ、国際社会が抱える諸問題の原因の1つというだけではなく、解決のために不可欠なものの1つと認識されるまでになった。

このような企業とパートナーシップを望む国連の動向変化は、国連の企業に対する一方的なアプローチとはならなかった。GCが発足したこの時期と前後し、1999年グローバル化を牽引してきたWTOの閣僚会議に対しNGO等による抗議運動が起きたり、Nike社の労働環境問題が起こり多くの批判を浴びるなど、企業側も行動規範の制定など模索し始めていた[19]。自発的に企業内外の行動規範を遵守するという受動的なものだけではなく、例えば多国籍企業が貧困層を消費者に変えることにより、収益を上げながら貧困問題を解決するといったBOP（Bottom of Pyramid）の考え方が示されるなどビジネス・モデルの修正や社会的責任に関連する新規市場開拓も模索されていった[20]。いずれの過程においても、同じく様々な組織とのパートナーシップが強調されることが多い。多国籍企業の側からしても、政府や国際機関との関係は、統制する側、される側という関係ではなく、自発的にパートナーシップを組んで共に問題解決に取り組むというものを歓迎し、GC賛同企業数やSDGsへの貢献を謳う企業数は増加傾向にある。他方で、このような国際的な枠組みにおける多国籍企業の役割や多国籍企業によるSDGsの適用状況については未だ果たされていない部分が大きく残っているという批判もある[21]。このような情勢下、SDGsは多国籍企業の経営の何を変化させるだろうか。

3. アパレル産業における課題

アパレル産業に焦点を絞ると、前章に若干述べたように1980年代から90年代に起こったNike社のサプライチェーンにおける労働問題が大きな転換

点の1つとなっている[22]。同社は1967年にアメリカ合衆国オレゴン州で創業したスポーツアパレルメーカーである。直近5年間（2015から2019年）においても順調に収益を伸ばし、2019年現在同産業内における最大の企業である。同年の収益のうち約41％は母国でのものであるが、年々母国以外からの収益が伸びている[23]。

　同社の生産を支えるのは自社工場ではなく、主にアジアの途上国にある生産委託工場である。前述のように1990年代同社はインドネシアやベトナム、カンボジア等の委託生産工場における劣悪な労働環境や児童労働、低賃金労働について労働活動家やメディアから追及された。その際当初同社は、その問題は自社の問題ではなく（委託工場のため自社の工場ではなく資本関係もない）、単に自社はその工場から製品を買っているだけであるため責任範囲外であると回答した。法的な意味では正しかったが、大きな批判を浴びブランド価値の低下を招いた[24]。

　現在、サプライチェーン内の企業の労働に関する問題についても発注元である多国籍企業の責任であるとする考え方が浸透してきたが、具体的に発注元がどれほどの責任をどのように果たすのかについては明確になっておらず、遵守状況は企業によってまちまちである[25]。本来、その国のなかで起こった問題はその国の法をもって解決が図られるが、例えば「規制の質」（Regulatory Quality）1つとっても、国や地域によって様々である。本研究の対象企業である4社の母国日本、スウェーデン、スペイン、そしてアメリカ合衆国と生産委託先工場の多いバングラデシュでは、この1項目だけでも明確な差をみせており、その差は依然として開いたままである（図1）。

　規制があればすべての問題を解決できるということはない。例えば人権分野においては、国際的には国連における人権保障制度があるものの、そもそもこの制度は「中央集権的な法的規則の制度として機能するようには作られていないし、そうなることもできない」。もし強制されることなく国家が条約に批准したとしても、批准したすべての条約を各国政府が実施しているわけでもなく、法的義務が存在する場合でさえ、その制度は裁判や執行を行う力を欠いていることがある[26]。

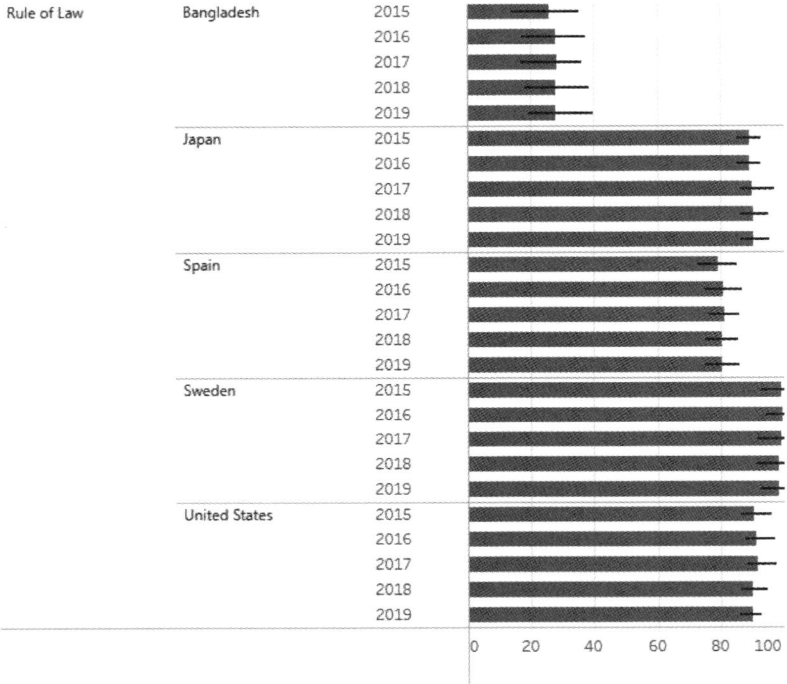

図1　5カ国における「規制の質」

出所：World Bank homepage, https://databank.worldbank.org/source/world-development-indicators（2021年3月22日現在）

　Nike社の事例に限らず、長らく繊維や皮革、履物、そしてアパレル産業はその労働集約的特徴から「最も汚染された産業の1つ」と批判されてきた[27]。現在の主な問題を大別すると大量廃棄による環境問題と低賃金の劣悪な労働環境がある。環境問題について、国内においてはFR社がリサイクルに取り組んでいる一方、今なお年間約10億着が廃棄される[28]。H&M社が売れ残りを母国ではなくデンマークで処分したことは批判を浴びた。アパレル産業における環境問題は、生産現場の国や地域における汚染が問題となると同時に規制の厳しい先進国における慣行もまた問題となっている。労働問題については主な生産現場となっている途上国のサプライヤーの賃金の低さや劣悪な労働環境、差別や労働組合等が多く指摘されている[29]。

　こうした問題は、消費者の嗜好やそれに合わせたビジネス・モデル、受入国の経済成長と密接に結びついているため解決は容易ではない。特に比較的低価格帯を主戦場とする対象4社は、移り変わりの激しい先進国の消費者嗜好に対応するため、中間業者を介さないSPAによりサプライチェーンを管理し、「売れるものをいかに早く作り、流通させ、販売するか」を念頭に置いたビジネス・モデルで競争優位を築き上げてきた[30]。Zaraブランドを有する最王手のInditex社は、商品企画力とそのサプライチェーンの管理能力で、流行に左右されやすい商品を高回転させている[31]。同社は商品を企画し販売されるまでわずか15日間で世界中の店舗に並べられるスピードを有している[32]。

　Inditexが自社工場と委託工場を使い分けて生産するのに対し、その他3社はすべて委託工場における生産である。ただし、FRの場合には、委託工場数を絞り込み、FRの社員を週3から4日製造現場に入り込みモニターし助言するなど[33]、個々の企業ごとに違いはあるがいずれの場合も彼らのビジネス・モデルにおいて途上国にある生産委託工場の意義は大きい。

　受注側の途上国においても、アパレル産業のサプライチェーン内に組み込まれることで、重要な外貨を獲得したり、雇用を創出し貧困から脱出手段としている。実際、これまで多くの途上国や新興国において、同産業は経済的発展の鍵となってきた[34]。アパレル産業最大の災害ともいわれるラナ・プラザビルの崩落事故が起こったバングラデシュの輸出の約8割以上はアパレル産業に関わるものである[35]。同国の2018/2019年度における衣料品の輸出は11.5％増であり、輸出の伸びが輸入を上回ったことの一因となっている[36]。衣料品輸出のうち約8割を欧米が占めていたが、これ以外の新興地域国への輸出に対し優遇措置を講じたことも同輸出額に貢献した。対日輸出においても輸出時の源泉税の引き下げも影響し、衣料品を中心に20.7％増となっている[37]。これはバングラデシュだけではない。例えば4社共通して委託工場の多いカンボジアもまた、縫製品および履物の輸出額は欧米諸国の需要の増加を受けて17.6％増と5年連続で輸出額が増加している[38]。

　このように生産委託工場は自国経済、特に輸出面や雇用創出に大きく寄

与している一方、雇用側面については依然課題が山積している。2019年1月には縫製業の賃金をめぐるストライキがバングラデシュ・ダッカ市内各所で勃発した[39]。原因は政府によって行われた2018年の最低賃金の見直しにある。ストを受け政府は急遽グレード別の最低賃金表を改定したが、他方でラナ・プラザ事故後、アパレル側の要請による安全監査の徹底によりコストが増加し利益が激減しているとする工場経営者もある[40]。衣料品に限らず輸出は前年度比20.6％、実質GDP成長率は7.5％と高成長が続いているカンボジアの場合でも、最低賃金や社会保険料に対する課題が指摘されている。2019年の最低賃金の上昇率は近隣国と比較すると高いものの、製造業作業員の月額基本給では、ベトナムやフィリピンを下回り、企業が負担する社会保険料なども低い。しかし、2019年から年功補償制度の制度変更が行われ、企業負担が増加し、近隣国に対する労働コストの低さという競争優位性が失われるという懸念がある[41]。輸出やGDPは伸び、経済的に国が成長していても、生産現場の作業員に還元されず、還元しようとすれば「競争優位性」が失われるという構造において、発注元である多国籍企業の意思決定は、受入国の社会的な制度に影響を及ぼすものとなっている。

　対象4社は例外なくSDGsに関する取り組みを謳っている。今なお多くの批判を浴びながらも、4社ともGCに参加表明し、報告書等にはSDGsに関する取り組みを示している。このような取り組みの有効性を検討する前段階として、本報告においては各社がSDGsをどのように実装しているのかをテキスト分析で明らかにする。

　まず4社の概要を示した後、各社の活動について、2010から2018年までのサステナビリティ報告書ないし統合報告書を分析し、キーワードの抽出や出現傾向を整理し、主にSDGs提唱以前と以後を比較する。SDGs 12.6には、「大企業や多国籍企業をはじめとする企業に対し、持続可能な慣行を導入し、定期報告に持続可能性に関する情報を盛り込むよう奨励する」とある。これにしたがえば、4社は報告書において2016年以降SDGsに関する活動や成果を取り上げていると考えられる。ただし、企業が発行する報告書の分析は、もちろん情報の偏りや客観性という限界を有する[42]。

4．対象企業概要

　アパレル産業においては価格帯や流通方法によって様々なタイプがあるが、前節に挙げた問題が起きやすいのが、SPAを採用している企業である。特に生産部門は途上国にある委託工場に任せ、比較的低価格の商品を短時間で提供するタイプの企業は、その競争優位の一部を途上国の安価な労働

表1　アパレル産業の主要4社概要（2018年度）

	FR社	H&M社	Inditex社	Gap社
創業（年）	1963	1947	1974	1969
母国	日本	スウェーデン	スペイン	アメリカ合衆国
純売上高	約1,548億1,100万円	約1,475億7,482万円	約3,634億4701万円	約1,072億7,215万円
店舗数	3,445	4,968	7,420	3,194
従業員数	56,523	123,283	174,386	135,000
代表的な所有ブランド	UNIQLO, GU, Theory	H&M, COS, Weekday, Cheap Monday, H&M Home, & Other Stories, ARKET	Zara, Pull & Bear, Massimo Dutti, Bershka, Stradivarius, Oysho, Zara Home and Uterque	Old navy, Gap. Banana Republic, Athleta, Intermix, Janie and Jack, Hill City
主要国別売上高割合（％）	日本46、中国26.5、その他アジア16.1	ドイツ15.8、アメリカ合衆国12.1、スウェーデン4.1 その他？	スペイン16.2、ヨーロッパ（スペイン除く）45.1、南北アメリカ大陸15.5、アジア及びその他23.2	アメリカ合衆国80、カナダ7、ヨーロッパ4、アジア8、その他1

出所）各社ホームページより筆者作成
　Fast Retailing　homepage　https://www.fastretailing.com/eng/（2020年9月9日現在）
　Gap homepage https://www.gapinc.com/en-us/（2020年9月9日現在）
　H&M homepage　https://hmgroup.com/（2020年9月9日現在）
　Inditex homepage　https://www.inditex.com/　（2020年9月9日現在）
＊純売上高は1ドル106.90円、1SEK11.66円、1ユーロ121.16円で換算（2020年7月13日）

力に頼る部分が大きい。

　本研究の対象企業はいずれも各国を代表する多国籍企業である（表1）。
比較的低価格帯の商品を提供する企業群であるが、Inditex社の主要ブラン
ド「ZARA」およびH&M社の「H&M」ブランドの価値は、高価格帯であ
るHermesが28位であるのに対し35位、37位と推定されている[43]。H&M
社以外は母国市場が最大であり、次点の進出先国を大きく上回っている。
しかし、いずれの企業においても、先進諸国である母国とその周辺国を主
要市場としている。

　表2は4社の主要な生産委託工場数を国別に示したものである。中国は4
社共通し工場数が多い。同様に4社共通してバングラデシュ、インド、カ
ンボジアが挙げられるが、これらの国については中国とは異なりほとんど
市場として言及されておらず、主要国別売上高割合にも表示されない。

表2　対象企業の国別主要生産委託工場数上位10カ国

	FR社		H&M社		Inditex社		Gap社	
	国名	工場数	国名	工場数	国名	工場数	国名	工場数
1	中国	168	バングラデシュ	735	中国	190	中国	155
2	ベトナム	50	中国	674	トルコ	185	ベトナム	152
3	バングラデシュ	25	トルコ	260	バングラデシュ	99	インド	101
4	インドネシア	21	インド	258	ポルトガル	67	インドネシア	65
5	カンボジア	10	イタリア	127	インド	47	カンボジア	49
6	タイ	7	インドネシア	106	イタリア	44	バングラデシュ スリランカ	44
7	インド、日本	6	ベトナム	75	スペイン	44	グアテマラ 韓国	16
8	ミャンマー	4	ポルトガル	72	モロッコ	9	パキスタン	13
9	マレーシア スリランカ	2	ミャンマー	67	パキスタン	6	トルコ	9
10	トルコ	1	カンボジア	53	カンボジア	5	フィリピン	8

出所）各社サプライヤーリストより筆者作成

　日本と中国で約7割の売上を占めるFR社は、半数近くを中国の工場に、他の生産についてもアジア地域内に委託している。対してGap社の場合、市場の80％は母国アメリカ合衆国であるが、アジアを中心に委託生産を行っている。ヨーロッパを母国とするInditex社とH&M社は、FR社やGap社同様アジア諸国の工場に委託する一方、主要市場と同地域内にあるイタリアやポルトガル、トルコといった国々に委託しているという特徴がある。

　これら企業は販売よりも生産のグローバル化が進んでいる。母国や母国近隣の市場へ商品を供給するため、数多くの途上国の工場へ生産委託しているといえる。発注元企業の母国である日本、スウェーデン、スペイン、アメリカ合衆国と比較すると、そもそも十分な環境対策や労働環境が整っているとは言い難い国における生産である。自社工場ではなく途上国の生産委託先の労働や環境についても発注元の責任範囲とするならば、発注元多国籍企業のSDGsに関連する活動はこれら委託工場の問題の解決に資するのだろうか。

5．報告書にみるSDGsの実装状況

　本章においては、各社が発行している報告書をもとにテキスト分析を行う。対象となる報告書は4社共通して入手可能な2010から2018年までのサステナビリティ報告書である。ただし、Inditex社については統合報告書を発行しており、Gap社は2010から2016年までは2年おきに2年分まとめて報告書を発行してきたため、これらは合わせて分析対象とするが、その点を留意して分析を行う。

　まず、4社9年分の報告書における頻出上位100語を抽出した。抽出語は名詞のみであるが、ブランド名や企業名といった固有名詞は除いている。また、"data"や"report"など一般的に報告書の内容説明のため出現しやすい語および％やlitter、euroなどの単位を表す語も除いている。頻出回数が多ければ多い語ほど、その企業の関心度が高いと断定できるわけではないが、一定の傾向は把握できると考えられる。

　SDGsに関する結果として以下の点が挙げられる。

第一に、SDGsという語そのものはどの企業のいずれの年度の上位100語内に入ってはいない。第二に、SDGsより任意に取り出したキーワード（poverty、health、education、gender、equality、water、sanitation、energy、decent work、growth、industry、innovation、infrastructure、inequality、climate、peace、justice、partnership）は上位100語内に決して多くは出現していない。ただし、キーワードによる違いは見られる。health、water、energy、work、growth、industry、climate、partnershipという語は上位100語に入らないものの、他のキーワードと比較すると出現回数が多い（4社通年合計15回以上）。他方、poverty、education、equality、inequality、gender、sanitation、 decent work、peace、justiceという語については、通年各社5回以上出現していない。産業の特性上、本業との関係が弱く取り組まれにくい課題もあろうが、途上国における労働環境に関し大きな批判を浴びながら、

表3　2010-2018年における各キーワードの出現合計数

	FR社	H&M社	Inditex社	Gap社
Poverty	1	0	0	0
Health	6	3	8	4
Education	1	1	0	2
Equality	0	3	0	0
Gender	0	0	0	4
Water	1	9	3	6
Sanitation	0	0	0	2
Energy	6	9	8	6
Decent	0	0	0	0
Work	9	9	9	6
Growth	9	6	1	0
Industry	6	9	2	6
Innovation	0	6	1	3
Infrastructure	0	0	0	0
Inequality	0	0	0	0
Climate	0	9	1	5
Peace	0	0	0	0
justice	0	0	0	0
Partnerships	8	7	1	6

出所）各社報告書より筆者作成

water、energy、climateと環境に関するものの方が多く記述される傾向にある（表3）。

　個々の企業についていえば、表4にあるようにH&M社は2010年の段階から全体的に引っかかるキーワードが他社より多い一方、同じヨーロッパ企業であるInditex社は年度よる変動はあるもののH&M社とGap社と比べ引っかかるキーワードがあまり多くない。FR社とGap社は年々キーワードに引っかかる数が増えているものの、Gap社の場合はもともと2010年の段階からキーワードに該当する語の出現が多いなどの特徴が挙げられる。いずれの結果においても、SDGs提唱以前以後における変化はみられない。

　SDGsのキーワードに限定せず各社報告書から抽出した上位100語のうち、4社共通し上位にほぼ出現しているのはsupplier、employee、factory、program、trainingといった語である。こうした語の出現回数は企業ごとに一定の特徴はあるものの、2010から2018年まで大きく変化していない。つまり、この産業の主要4社については、2015年に採択されたSDGsに関わらず委託先の労働について最優先の「関心や取り組み」を示してきた。これは、SDGsのキーワードであるworkの出現回数が多いこともからもいえる。

　各社報告書におけるSDGsの記載の仕方は様々である。例えば、2018年度の各社報告書におけるSDGsに関する記述内容をみると、SDGsについて特設のページを割き、そこにSDGsに関する自社の活動をまとめているのがFR社とGap社である。FR社はSDGsの説明後、4つの優先分野であるSupply　Chain（4、3、6、8、9）、　Products（9、12）、　Stores　and

表4　頻出上位100語におけるSDGsキーワード出現合計数

	2018	2017	2016	2015	2014	2013	2012	2011	2010
FR	7	7	6	6	6	5	3	4	3
H＆M	7	8	8	9	9	6	9	9	6
Inditex	4	8	4	3	3	4	2	3	3
Gap	10	9	8			8		8	7

出所）各社報告書より筆者作成

Communities（1、4、8、11）、 Employees（3、5、8、10）の各分野にそれぞれSDGsを当てはめている。Gap社は同じく該当ページにおいて自社の活動とそれに該当するSDGsを示している（4、5、6、8、12、13）。このように、両社ともキーワードでは引っかからなかった語（目標）についても挙げ、それぞれの目標と自社の活動を結びつけているが、両社とも該当ページ以外にSDGsに関する言及はほとんどない。

　Inditex社とH&M社の場合は、これら2社とは異なり、主として自社の活動報告ページごとにそれに関連する目標を表示している。さらに、Inditex社の場合、17目標すべてに言及し、具体的な数値目標を示している。

　このように企業によって違いはあるものの、SDGs 提唱を受けて新たな事業を行ったりビジネス・モデルの修正を行ったりするというのではなく、SDGsという「17の指標が示されたツール」を用いて現在の自社の活動を分類し、SDGsに対する自社の貢献を示しているといえる。各社共に生産委託先工場に関する情報を公開し透明性を高めるのはもちろん、現地における教育訓練を実施するなどの取り組みを行ってきたのは事実である。しかし、SDGsが4社にとって特別新しいものとして捉えられている様子は乏しく、その経営に対する影響は少なくとも本稿における分析からは読み取れなかった。山積する課題を様々なアクターの資源を活用しながら解決しようとするSDGsの目的について疑う余地はない。そのSDGsにおける多国籍企業の役割と期待は小さくないが、その意思決定や経営活動に取り込まれている部分は未だ表層的である可能性が高い。

6. 結びにかえて

　本論においては、多国籍企業と国連の関係を歴史的に踏まえながら、途上国の工場に生産委託を行っているアパレル4社が国連の提唱するSDGsをどのように実装しているのかについて報告書をもとに分析した。結果、少なくとも報告書においてSDGsに対する貢献は各社とも謳っているものの、SDGs提唱前後で記載内容の変化はなく、未だSDGsは現状の活動を整理し、当てはめる新たな「指標」として用いられている段階にあるといえる。

　多国籍企業が国連の提案に賛同を表明したり、パートナーシップを組んで共に問題解決に努めるようになったりするのは、主に2000年代以降の現象である。その根底には、グローバル化により多国籍企業の国境を超えた活動が起こす問題をどのように解決するのかという議論がある。これについて、多国籍企業とは活動域の異なる各国政府では十分に統制できないが、各国の代表が集まる国連においても強制力を有する「基準」の作成はできなかった。しかし、NGOのような市民団体やメディアの活動もグローバル化し、情報を得やすくなった消費者からの批判や地球規模の課題が山積するにつれ、企業側もまたステークホルダーからの要請に応える形で情報公開をしたり、途上国工場における教育・訓練や評価を行ってきた。

　こうした2000年代以前にはない市民団体や多国籍企業の動向も踏まえ、国連もまた多国籍企業を規制対象ではなくパートナーとして捉えGCやSDGsに企業を組み込んできた。国連は「世界政府」ではなく、協働の場を提供することにより各国政府や国際機関、NGO、企業に代表される多様なアクターによって構成される地球規模のネットワークを形成し、問題解決を図ろうとしている。

　このような枠組みのなかで、本論が対象とするアパレル産業の4社については、長らく批判されてきた労働環境について、SDGs提唱前の少なくとも2010年以降共通して「最大の関心事」として多くを取り上げてきた。しかしながら、SDGs提唱前後の活動について報告書をベースに比較すると大きな変化はみられなかった。報告書に自社の活動がSDGsに関係していることを示すことと、活動や意思決定がSDGsに貢献していること、ひいては自社が社会的な責任を果たしているということはイコールではない。

　企業の自発性に任せたSDGsに関する取り組みは、特にコストやリスク削減、売上や評判そしてブランド価値の向上、新たなイノベーションを起こすといった経済的動機[44]と結びつく目標や分野において一定の成果を上げていると思われる。ただし、企業が取り組む分野や関心度には当然差がある。よって、一定の規制はやはり必要である。

　個人の消費行動や各国政府の意思決定もまた、企業のSDGsに関する行動を規定する要素になる。劣悪な労働環境で作られた安価な製品や大量廃

棄を生じさせる販売の仕組みを容認するような購買行動や他国より安い労働力に依る経済政策などは、当該企業のSDGsに関する行動を左右する。SDGsの達成は企業単独の行動によってのみ成されるものではなく、一連のサプライチェーンに関わる各ステークホルダーの意思決定あるいはSDGs 17に示される「パートナーシップ」によって達成の如何が決まるが、本稿においては議論できていない。また、当該4社に限定された議論であるのに加え、4社個々の活動事例を分析できているわけではない。さらに、国によって抱えている問題やその問題の顕在の仕方は異なる。こうした個々の事例や企業ごとの特性について今後分析する必要がある。

注

1) KPMG（2017）『KPMGによるCSR報告調査2017』（以下のホームページよりダウンロード可 https://home.kpmg/jp/ja/home/media/press-releases/2017/10/csr-report-survey2017.html （2019年9月9日現在）

2) 板倉美奈子（2006）「多国籍企業に対する国際的制御の歴史的展開—グローバル化と「新しい公共圏」『法の科学』37号、pp.20-31.

3) 菅原絵美（2010）「「企業の人権保障義務」とその実現：国際的人権保障におけるモニタリングとパートナーシップによるアプローチ」『国際公共政策』第14巻、第2号、pp.63-76。

4) Prahalad, C.K. (2005). *The fortune at the bottom of the pyramid: eradicating poverty through profit*, Wharton School Publishing（スカイライト・コンサルティング訳（2005）『ネクストマーケット』英治出版）

5) International Labour Organization （ILO）(2018),「繊維・衣類・皮革・履物部門における仕事の未来」『ワーキングペーパー』第326号、p.1。

6) 根岸可奈子（2011）「国連における多国籍企業の行動基準—1972年から1993年を中心に—」『比較経営研究』第35号、pp.77-95.

7) Vicky Xiuzhong Xu, Danielle Cave, James Leibold, Kelsey Munro, Nathan Ruser, Uyghurs for sales ‘Re-education’, forced labour and surveillance beyond Xinjiang, *Policy Brief Report*, Australian strategic policy Institute, No.26, 2020. 下記ホームページよりダウンロード可 https://www.aspi.org.au/report/uyghurs-sale.（2021年3月22日現在）

8) Jones, Geoffrey (2005) *Multinationals and Global Capitalism from the Nineteenth to Twenty First Century*, Oxford University Press（安室憲一・梅野巨利訳『国際経営講義 多国籍企業とグローバル資本主義』有斐閣、p.290). Weiss, G. Thomas and Wilkinson, Rorden (2014) Rethinking Global Governance? Complexity, Authority,

Power, Change, *International Studies Quarterly*, Vol.58, pp.207-215. 東澤靖（2015）「ビジネスと人権：国連指導原則は何を目指しているのか。」『明治学院大学法科大学院ローレビュー』第22巻、pp.23-40。板倉前掲書。

9) 東澤、同上書。

10) 大芝亮（2004）「グローバル・ガバナンスと国連―グローバル・コンパクトの場合」『国際問題』日本国際問題研究所、pp.14-27.

11) 渡辺昭夫・土山實男編著（2001）『グローバル・カヴァナンス　政府なく秩序の模索』東京大学出版会、p.4.

12) L. David, Brown, Sanjeev Khagram, Mark H. Moore, and Peter Frumkin (2000), Globalization, NGOs, and Multisectoral Relations, Joseph S. Nye Jr. and John D. Donahue eds. *Governance in a Globalization*, Brookings Institution. (ジョセフ・ナイ、ジョン・ドナヒュー編著、嶋本恵美訳（2004）『グローバル化で世界はどう変わるか―ガバナンスへの挑戦と展望』英治出版、pp.309-336.)

13) Ruggie, John Gerard (2013) *Just Business: Multinational Corporations and Human Rights*, W.W.North & Company.（東澤靖訳（2014）『正しいビジネス』岩波書店、pp.12-15)

14) MacFree,Steve (2020) Measuring the Sustainable Development Goal Indicators: An Unprecedented Statistical Challenge, *Journal of Official Statistics*, p.367.

15) 東澤、前掲書。

16) 板倉、前掲書。

17) 杉浦功一（2008）「グローバル・ガバナンスにおけるグローバル・パートナーシップの整理と評価」『和洋女子大学紀要』Vol.48、p55。

18) 国連のビジネスにおける人権については、Ruggie、前掲邦訳書を参考にされたい。また、板倉前掲書においては、同じ国連の取り組みであるGCと「人権に関する多国籍企業および他の企業の責任に関する規範」の異同についてまとめられている。

19) 大泉敬子（2004）「グローバル化の進む世界と国連―「グローバル・コンパクト」の意味を問う―」『世界法年報』23号、pp.13-45。

20) Prahalad、前掲書。

21) Tulder, Rob Van, Rodrigues, Suzana, B., Mirza, Hafiz and Sexsmith, Kathleen (2021), The UN's Sustainable Development Goals: Can multinational enterprises lead the Decade of Action?, *Journal of International Business Policy*, Vol.4, issue 1, pp. 1-21.

22) Vogel, D. (2005). *The Market for Virtue: The Potential and Limits of Corporate Social Responsibility,* The Brookings Institution (小松由紀子・村上美智子・田村勝省訳『企業の社会的責任（CSR）の徹底研究―利益追求と美徳のバランス　その事例による検証』一灯舎、pp.139-152.). Ruggie、前掲邦訳書、pp.43-46.

23) Nike (2020) Annual report 2019. 下記ホームページよりダウンロード可

https://investors.nike.com/investors/news-events-and-reports/default.aspx （2021 年 3 月 22 日現在）

24）　Vogel、前掲邦訳書,pp.143-152.

25）　同上書、pp.198-204.

26）　Ruggie, op.cit., p.18.

27）　Boström, M. and Micheletti, M. (2016) Introducing the sustainability challenge of tex-tiles and clothing, *Journal of Consumer Policy*, 39, pp.367-375.

28）　仲村和代・藤田さつき（2019）『大量廃棄社会―アパレルとコンビニの不都合な真実』光文社。

29）　CCC (Clean Cloth Campaign) homepage https://cleanclothes.org/ (2020 年 9 月 9 日現在)。日本国内におけるアパレル販売員の雇用情勢や賃金の問題については以下の文献を参考にされたい。小島健輔（2020）『アパレルの終焉と再生』朝日新書。

30）　新田都志子（2018）「SPA のビジネスシステム革新Ⅱ―ユニクロと ZARA を事例として―」『文京学院大学　経営論集』第 18 巻、第 1 号、p.75.

31）　同上書、p.67.

32）　同上書、p.76.

33）　Porter　Prize　https://www.porterprize.org/pastwinner/2009/12/02111044.html 2020.01.20

34）　ILO、前掲書、p.1.

35）　外務省ホームページ　　　https://www.mofa.go.jp/mofaj/area/bangladesh/data.html (2020 年 9 月 9 日現在)

36）　JETRO, 世界貿易投資動向シリーズ　バングラデシュ 2019 年版。下記 HP よりダウンロード可能。（2021 年 3 月 18 日現在）
https://www.jetro.go.jp/ext_images/world/gtir/2019/18.pdf

37）　JETRO, 世界貿易投資動向シリーズ　バングラデシュ 2020 年版。下記 HP よりダウンロード可能。（2021 年 3 月 18 日現在）
https://www.jetro.go.jp/ext_images/world/gtir/2020/18.pdf

38）　JETRO, 世界貿易投資動向シリーズ　カンボジア 2019 年版。下記 HP よりダウンロード可能。（2021 年 3 月 18 日現在）
https://www.jetro.go.jp/ext_images/world/gtir/2019/14.pdf

39）　https://www.jetro.go.jp/biznews/2019/01/15b73d00f056be3f.html （2021 年 8 月 13 日現在）

40）　https://www.nikkei.com/article/DGXMZO39868040Q9A110C1FFE000/ （2021 年 8 月 13 日現在）

41）　JETRO、前掲書（カンボジア）, p.4.

42）　小坂真理（2018）「サステナビリティ報告書における SDGs 記載の課題：統合

的アプローチによる考察」『環境情報科学　学術研究論文集』Vol.32、p.26.

43）　Interbrand homepage, https://interbrand.com/best-global-brands/ (2021年3月22日現在)

44）　Schaltegger, Stefan, Lüdeke-Freund, Florian Hansen, Erik (2012), Business Cases for Sustainability: The Role of Business Model Innovation for Corporate Sustainability, *International Journal of Innovation and Sustainable Development*, 6 (2), 95-119.

（ねぎし　かなこ／宇部工業高等専門学校）

気候危機時代における環境政策と企業
——気候中立とコロナ後の
グリーン・リカバリーに向けて——[1]

道　満　治　彦

1.　はじめに

　近年、政府・企業・市民社会それぞれが環境問題への対応をより一層求められている。2015年9月の国連持続可能な開発サミットでは「持続可能な開発のための2030アジェンダ」が採択され、その中では新たに17ゴール・169ターゲットからなる持続可能な開発目標（SDGs）が明記された[2]。気候変動に目を向ければ、同年12月の第21回気候変動枠組条約締約国会議（COP21）においてパリ協定が採択され、2016年11月発効に至った。

　このように環境問題、特に気候変動問題への対策が全世界的に求められる背景には差し迫った危機があるからに他ならない。2019年は気候危機元年と言うべき1年で、日本を含む世界各国で深刻な異常気象が多発し、気候変動による影響が深刻化した。そうした中で求められているのは、人間の経済活動による温室効果ガスの排出量の削減である。スウェーデンの高校生で環境活動家のグレタ・トゥーンベリは、2018年から「気候変動のための学校ストライキ」をはじめ、気候変動学校ストライキ運動「Friday for Future」を組織し、気候危機に立ち向かうために即座に行動するよう呼び掛けている。

　これまでの日本の気候変動対策は、世界の状況と対比すれば消極的であった。パリ協定の約束草案の温室効果ガス排出の削減目標を見れば、EUは2030年までに1990年比40％削減に対し、日本は2030年までに2013年比26％削減を掲げている。ところが日本の削減目標は、1990年比で見れば

18％削減に過ぎないと指摘されている[3]。その上、石炭火力発電輸出を巡っても、日本政府は欧州諸国や環境NGO、ESG投資家から厳しい批判を浴びてきた。

　世界の動向を概観すれば、2020年1月以降の新型コロナウイルス感染拡大による経済不況からの経済復興の一つとして、グリーン・リカバリーの議論が欧州を中心に進んでいる。コロナ禍以前に発出された「欧州グリーンディール」（COM（2019）640 final）とコロナ不況後に発出された政策文書「欧州の転換点：次世代のための修復と準備」（COM（2020）456 final）がその中心的な役割を果たし、後者では「グリーンとデジタルへの移行の加速化がヨーロッパの競争力や回復力、グローバルプレイヤーとしての地位を強化する」と強調されている。米国では気候変動政策に消極的だったトランプ政権とは逆に、気候変動対策を重視する民主党のバイデン政権が誕生した。バイデン氏は"Build Back Better"（より良い復興）をスローガンとして、政権公約の中で気候変動対策やエネルギー転換に言及した[4]。こうした中で、日本は「最終バスに乗った」（日本経済新聞、2020年11月13日朝刊4面）と指摘されるように、中国が2020年9月22日に「2060年カーボンニュートラル」を表明し、なおかつ米国のバイデン氏の大統領選勝利が予想される中で、菅義偉首相による「2050年カーボンニュートラル宣言」という方向に大きく舵を切った[5]。こうした国際動向を踏まえれば、本稿の問題意識はこれまで消極的だった日本の気候変動エネルギー政策の転換がどのような「外圧」によって引き起こされたのかにある。

　ここで、日本における先行研究を、①気候変動エネルギー政策の動向、②ダイベストメントやESG投資に関する動向、③グリーン・リカバリーの動向について整理しておきたい。

　まず、①気候変動エネルギー政策についてである。明日香（2015a）は、気候正義を焦点に、気候変動問題における正義や公平性の問題について議論している。平田（2020）は世界での気候変動政策の動向を検討するとともに、石炭火力発電に固執する日本政策を批判している。高橋（2021）はカーボンニュートラル時代のエネルギーシステム、カーボンニュートラル時代の国際関係、日本政府が取り組むカーボンニュートラルの3点からエ

ネルギー転換を包括的に整理している。高村（2021）は日本のエネルギー政策を概観し、特に2015年のエネルギーミックス以降の日本のエネルギー政策と気候中立との関係性を整理している。飯田（2021）は日本の再エネ政策および電力システム改革の失敗の本質に言及し、日本の政策決定過程における政策知のディスコースの必要性を指摘している。

　次に②ダイベストメントについてである。明日香（2015b）はパリ協定合意後のダイベストメントの動向を検討している。水口（2019）は気候関連財務情報開示タスクフォース（TCFD）やタクソノミー、サステナブルファイナンスの動向をサーベイし、ESG債を軸に日本のESG課題を議論している。夫馬（2020）はESG重視の背景を歴史的に検証し、その上でESG投資の動向と日本のSDGsの課題を指摘している。湯山（2020）はESG投資の動向を整理したうえで、ESG投資とそのパフォーマンスの関係性についての実証分析を行っている。藤井（2021）はサステナブルファイナンスを「（気候変動関連情報に限らず、環境や社会的要因といった）非財務要因を財務評価して価格付けする」ことだと定義し、気候変動関連財務情報開示タスクフォース（TCFD）や国連銀行原則（PRB）、グリーンボンド、タクソノミーなどサステナブルファイナンスの最新動向と、サステナブルファイナンスを巡る国際協調および国際競争の現状を整理している。

　最後に③グリーン・リカバリーについてである。飯田（2020a）はグリーン・ニューディールの歴史を整理し、2008年頃に議論されたグリーン・ニューディールと今回議論されているグリーン・リカバリーを対比している。明日香（2021）は、世界におけるグリーン・リカバリーの動向を整理するとともに、日本のグリーン・リカバリーの可能性について言及している。朴他（2020）はグリーン・ニューディールの歴史を整理し、反緊縮（日本版MMT）の観点から欧米左派のグリーン・ニューディールの動向を検証した。蓮見（2020b）は欧州グリーンディールの新機軸が（1）循環型経済システムの転換、（2）EUレベルでの社会政策に取り組む姿勢、（3）資金の流れを根本的に変える方向性という3点にあることを示し、EUタクソノミーを含むサステナブルファイナンスの重要性を示唆している。亀山（2021）は米国のトランプ政権からバイデン政権への移行によって気候変

動対策がどのように変化し、また日本にどのような影響があるかを考察している。また近年は、未来のためのエネルギー転換研究グループ（2020）や自然エネルギー財団（2021）、歌川（2021）のような再エネ100％に向けたシナリオ分析も見られるようになってきている。

　日本の気候変動エネルギー政策と環境経営が置かれている状況を見るには、これらの先行研究を踏まえた統合的な視点が必要である。

　こうした前提の上で、本稿では「『外圧』が日本の気候変動エネルギー政策や企業経営を変更させ、グリーン・リカバリーを推し進めた」という仮説の下、「外圧」となったと考えられる①パリ協定の温室効果ガス削減目標の上積みへの圧力、②ダイベストメント運動による金融機関への圧力、③RE100とGAFA、④欧州グリーンディールによる影響、⑤米国大統領選挙と各国のグリーン・リカバリーによる影響の5点を検証する。これらの論点を踏まえた上で、コロナ後のグリーン・リカバリーを見据えた気候危機時代の環境政策や環境経営はどうあるべきかを検討する。

2．脱炭素が求められる背景
―COP25におけるパリ協定具体化を巡って―

（1）パリ協定に至るまでの前史

　気候危機が指摘される中で、COP25においてどのような議論が行われたのかが重要になる。その前段としてパリ協定に至るまでの前史を整理する必要がある。

　気候変動枠組条約は1992年に国連環境開発会議で採択された。その後、COP3京都会議において採択された京都議定書では2008年から2012年までの第一約束期間に温室効果ガス排出量を1990年比で日本6％、米国7％、EU8％の削減を義務付けた。米国はクリントン政権下では署名したものの、次のブッシュ政権は京都議定書から離脱を表明した。また2013年から2020年までの第二約束期間はEUが20％削減を掲げたのに対して、日本はこの枠組みにすら参加しなかった。

　こうした中で登場した2015年に採択され、2020年から始まったパリ協定

図表1　パリ協定における主要国の温室効果ガス排出削減目標

	国/地域	削減目標	目標年	基準年
附属書Ⅰ国	EU	40%削減	2030年	1990年
	米国	26〜28%削減	2025年	2005年
	英国	68%削減	2030年	1990年
	ロシア	25〜30%削減	2030年	1990年
	カナダ	30%削減	2030年	2005年
	日本	26%削減	2030年	2013年
・・・（主要国のみ抜粋）				

注1）附属書Ⅰ国は主に先進国で、非附属書Ⅰ国（中国、
　　　インドなど）も含め147カ国が約束草案を提出
注2）英国は2020年12月に新たに目標を設定して53%か
　　　ら引き上げ
（出典）各国のNDCから作成

は大きな役割を持つ。パリ協定では、第2条1項aにおいて「世界的な平均
気温上昇を産業革命以前に比べて2℃より十分低く保つとともに、1.5℃に
抑える努力を追求する」ことを世界共通の目標として明記し、第4条に基
づき主要排出国を含むすべての国は国別削減目標（NDC）を5年ごとに提
出・更新し、実施状況を報告・レビューしていくことになる[6]。この国別
削減目標は京都議定書のような割り当てではなく、各国が設定する。パリ
協定の約束草案では温室効果ガス排出の削減目標として、EUは2030年ま
でに1990年比40%削減、米国は2025年までに2005年比26〜28%削減、日
本は2030年までに2013年比26%削減を掲げた（図表1）。

（2）COP25の争点

　次に、COP25の争点について考えていきたい。パリ協定の大半のルール
は決定しているが、①パリ協定の積み残しルールへの合意、②各国の削減
目標を引き上げる方向性を打ち出しがマドリードで開催されたCOP25の争
点だったと言える（小西（2020））。

　前者に関しては、第6条の「市場メカニズム・非市場メカニズム」についての議論が焦点であった。ここでの問題は、a）二重計上をいかに防ぐか、b）京都議定書でのクレジットの扱いをどうするかであった。結果は新興国と折り合いがつかず、持ち越しとなった。

　後者に関しては本来議題ではなかったが、パリ協定採択から5年が経過し、パリ協定開始直前でかつ、「気候危機元年」と言われる状況下では、NDCの引き上げの機運が高まるかどうかが焦点となった。NDCの引き上げに関しては、トゥーンベリらの若者の要求が見られた。他方でチリを中心とした気候野心連合（Climate Ambition Alliance）が発足し、気候野心連合の参加各国によるNDC引き上げの検討の動きも起きた[7]。また議長が提示した決定案から野心強化の文言が落ちたことに対して、EUなどを含む数カ国がNDC強化の文言を入れるべきだと改めて主張し。これらの動きと比べて、COP25の時点では、日本は石炭火力発電への依存を続け、なおかつNDCの引き上げの検討を行わなかった。

（3）第6次エネルギー基本計画の策定と脱石炭を巡る政策動向

　日本政府は2018年策定の第5次エネルギー基本計画の中で、「より高度な3E+S」を前提に、2030年の電力構成比率を化石燃料56％、再エネ22～24％、原子力20～22％に設定した（図表2）[8]。電源比率は2017年に策定された長期エネルギー需給見通しの数字を反映させている。2017年に策定された最初の約束草案もこの数値の前提がとなっている。

　エネルギー基本計画は3年ごとの見直しが行われるが、第6次エネルギー基本計画の策定は2020年7月から開始された。第6次エネルギー基本計画は、①資源エネルギー安全保障戦略、②再エネ主力電源化、③持続可能な電力システムに加えて、④コロナを起因とするエネルギー情勢の変化、⑤脱炭素化の加速などが焦点である。第3節で述べる通り、2020年3月に決定された「日本のNDC（国が決定する貢献）」では、2017年の約束草案の目標値を踏襲した[9]。環境政策から見れば、第6次エネルギー基本計画は主力電源化しつつある再エネをどう市場に統合しつつ、日本のNDCをどう引き上げるかが焦点である[10]。

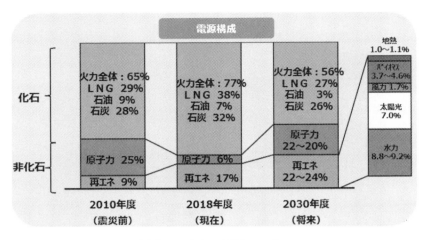

図表2　日本の電源ミックス

(出典) 経済産業省総合資源エネルギー調査会基本政策分科会資料

　また政府は老朽化した石炭火力発電のフェードアウトを打ち出したが、高効率石炭火力発電へのリプレイスや高効率石炭火力発電の途上国への輸出は継続することを示唆している[11]。また、炭素税や排出権取引といったカーボンプライシングの議論の遅れや、容量市場による既存電源への「補助金」問題など、気候変動対策の遅れが目立つ。

3.　日本の気候変動対策の変更を促す「外的要因」

　本節では、日本政府・企業の気候変動対策の変更を促し得る外的要因を検証する。ここでは本稿で規定する5つの外的要因のうち、米国大統領選挙と各国のグリーン・リカバリーによる影響を除く、①パリ協定の温室効果ガス削減目標の上積みへの圧力、②ダイベストメント運動による金融機関への圧力、③RE100とGAFA、④欧州グリーンディールによる影響の4点を検証する。

(1) パリ協定における削減目標の上積み

　第一の外的要因はパリ協定に基づく削減目標の上積みである。パリ協定

では各国がNDCを策定し、約束草案を気候変動枠組み条約事務局に提出する。ところが、UNFCCC（2016）によれば、各国の約束草案をもとに提出された目標値はパリ協定で掲げられている目標に達していない（図表3）。

こうした中で、各国の温室効果ガス排出量の削減目標の引き上げがCOP25の焦点の一つとなった[12]。パリ協定における削減目標の上積みに真っ先に動き出したのがEUである。COP25の直前に、欧州議会は気候非常事態宣言を採択した[13]。この中で、欧州委員会に対して、気温上昇を1.5℃未満に抑える立法と予算案を制定し、特に農業・貿易・運輸・エネルギーインフラ投資政策の広範囲にわたる改革を求めた。欧州委員会は2020年3月、欧州気候法案（COM（2020）80 final）を提示し、6月に欧州議会は承認した。同法は2050年に気候中立を目指し、欧州グリーンディールの中核を為し、エネルギー同盟と気候変動行動のガバナンスに関する規則

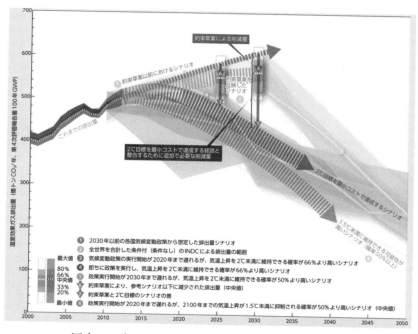

図表3　2℃目標と約束草案による削減目標の乖離

（出典）UNFCCC（2016）、環境省（2017）「平成29年版 環境・循環型社会・
生物多様性白書」

（Regulation（EU）2018/1999）を強化するものである。同法では2030年までのEUの温室効果ガスを1990年比で55％削減するとして、パリ協定時の約束草案の2030年40％削減からの目標の強化を目指すものである。

　他方で、日本は2020年3月30日に地球温暖化対策推進本部で決定された「日本のNDC（国が決定する貢献）」で2030年目標を据え置いた。既にCOP25の場でグテーレス国連事務総長から「石炭中毒」と暗に日本の気候変動対策へ批判されていた上、日本がNDCを据え置いたことに対して再び海外や環境NGOから批判の声が上がった[14]。日本でNDCの見直しを行うためには、エネルギー基本計画やエネルギーミックスの見直しが必要になる。ところが、NDCの見直しのために、エネルギー基本計画やエネルギーミックスの見直しの前倒しは行わなかった。今後もエネルギー基本計画やエネルギーミックスの見直しにおいては諸外国や環境NGOから、NDCの目標上積みへの圧力がかかることは不可避である。

（2）ダイベストメントによる金融機関への圧力

　第二の外的要因はダイベストメントによる金融機関への圧力である[15]。ダイベストメントの動きが強まっている理由は、パリ協定採択が大きな転換点となって、海外の投資家の間で石炭等の化石燃料を「座礁資産」と捉える動きが強まっていったためである。国際環境NGOの350.orgのレポートによれば、化石燃料からの投資撤退の金額が11兆米ドルを超え、ダイベストメントの傾向が強まっている（Cadan, Mokgopo and Vondrich（2019））。

　日本は海外のダイベストメントの動きからも取り残されている。国際NGOによる調査によれば、日本の三大メガバンクすべてが石炭関連投資額で上位5位にランクインした（Urgewald and BankTrack（2018））。日本の三大メガバンクの石炭関連投資額は、みずほが128億ドル、三菱UFJが99億ドル、三井住友が41億ドルとなった。2019年から開始した国連責任投資原則（PRI）の銀行版となる「国連責任銀行原則（PRB）」にも大手3行が署名した[16]。大手3行は新規石炭火力発電への融資は行わない方針を表明したが、他方で例外として「超々臨界圧などの環境へ配慮した技術を有する

案件」や「改定前より支援をしている案件」については投資継続を示唆する文言も見られる。この既存案件と高効率石炭火力への融資を継続することに対しても批判がある。

　国際的な動向を見ると、ダイベストメント運動の高まり、国連責任銀行原則のように投資原則の変化が脱石炭や気候変動対策の強化を促進させている。日本の金融機関も少なからず影響を受けているのが昨今の状況である。

（3）RE100とGAFAからの圧力

　第三の外的要因は、企業側の動きであるRE100による圧力である[17]。ダイベストメントが投資行動への圧力であれば、RE100は電源調達、あるいはサプライチェーンに対する圧力だと言える。ここで重要になるのがRE100とGAFAの関係である。Amazonを除く3社はRE100に署名している[18]。

　中でも日本の電力市場の関係で見ると、アップルが重要なプレイヤーである。2017年3月の自然エネルギー財団の国際会議「REvision2017：自然エネルギーが切り拓く未来」において、アップルのケイティ・ヒル氏が「アップルの主要顧客国である日本で、100％が達成されておらず、24ヶ国中最後の一国」だと指摘している[19]。日本で最初に「RE100」を達成した企業は日本企業ではなく、アップルとなった。アップルは2019年、（1）太陽光発電事業者の第二電力株式会社とパートナーシップ契約を結んで固定価格買取制度（FIT）で売電を行うとともに、JクレジットでCO$_2$価値を購入すること、（2）新宿マルイ本館など再エネ100％供給を行うビルへの入居することで達成した（図表4）[20]。

　このアップルの動きは2つの意味で圧力となり得る。1つは日本国内企業に対する「RE100」加盟および実行の加速である。日本のRE100参加企業は2020年9月段階で38社に過ぎない。しかしながら、アップルから電源調達やサプライヤーから部品調達に至るまで再エネ利用の拡大やCO$_2$削減を要求されており、部品調達を行う日本企業も変わらざるを得ない状況となっている[21]。

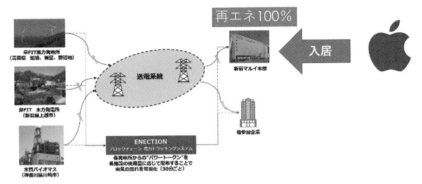

図表4 新宿マルイ本館の再エネ100%調達の事業モデル

（出典）丸井グループプレスリリース（2018年12月7日）に筆者加筆

　もう1つは政策変更への圧力である。これまでアップルのRE100で最難関だと言われたのが日本である。その要因は市場形成の遅れと環境価値の扱いにある。前者の問題は再エネ電源の少なさに影響しており、発送電分離や電力自由化、再エネ導入の遅れが原因である。発送電分離、電力自由化、再エネ導入拡大を含む電力システム改革の促進と、環境価値の制度化がアップルのRE100達成によって影響を受ける可能性がある。

（4）欧州グリーンディールの影響

　4つ目の外的要因は2019年に公表されたEUの欧州グリーンディールの影響である。欧州グリーンディールはデジタル経済の促進などと並んで、フォン・デア・ライエン欧州委員長の6つの優先課題の一つである。この政策文書は2050年気候中立を目指し、SDGsにも配慮するEUの経済と社会を大きく変革させることを示したものである（図表5）。具体的には持続可能な経済領域の転換として8つの項目が挙げられており、①2030年・2050年の野心的な気候変動目標の引き上げ、②クリーンで手ごろで安定したエネルギーの調達、③クリーンエコノミー・サーキュラーエコノミーへの産業の動員、④エネルギーと資源の効率利用のための建築・改修、⑤持続可能でスマートなモビリティへの移行、⑥「農場から食卓まで」、⑦生態系・生物多様性の保護・復旧、⑧有害物質のない環境のための汚染ゼロへの野

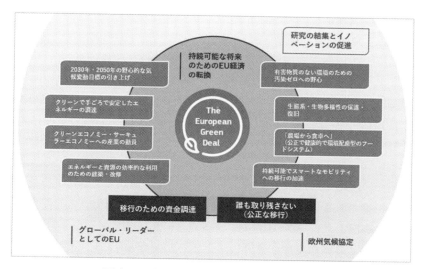

図表5　欧州グリーンディールの全体像

（出典）European Commission（2019）The European Green Deal, COM（2019）640 final

心である[22]。それに加えて、「EUの政策における持続可能性の主流化」と「グローバルリーダーとしてのEU」が掲げられ、前者の中にはグリーンファイナンスとグリーン投資の促進が謳われ、①公正な移行（Just Transition）メカニズムによる産業・経済システムの転換の促進、②EUタクソノミー、③1兆ユーロ規模の持続可能な欧州投資計画による投資の促進などが掲げられている。

　もっとも、欧州グリーンディールが突然発表されたわけでない。2016年から順次法制化されていったクリーンエネルギーパッケージの中で、①エネルギー同盟によるエネルギー安全保障の実現、②パリ協定を前提とした気候変動対策、③「主力電源となった再エネ」の市場への統合の3点を決定している（道満（2020））。それらをさらに促進させ、経済、産業、農業、デジタル、投資原則などのあらゆる領域に拡大していくのが欧州グリーンディールである。

　この欧州グリーンディールは3つの意味で日本に影響してくる。第一に、第4節で述べるコロナ後のグリーン・リカバリーの議論において、EUが

リードする可能性が高いことである。他方で、日本のグリーン・リカバリーに関する議論は停滞している。

　第二に、2019年から開始した日EU経済連携協定（EPA）および戦略的パートナーシップ協定（SPA）の枠組みと欧州グリーンディールの関係から来る気候変動政策およびエネルギー政策への影響である。蓮見（2020a）も、日EU・EPAおよびSPAと　EUのエネルギーシステム統合戦略によって「日本は、図らずもEUからエネルギーシステム改革の進捗状況を問われるという「外圧」を受ける立場に置かれている」と指摘している。

　第三に、EUタクソノミーの導入と国境炭素税の議論の進展による企業行動への影響である[23]。欧州委員会はサステナブルファイナンスに関するハイレベル専門家グループ（HLEG）を設立し、2018年にアクションプラン、2020年3月に最終報告書を発出し、そして2020年6月にEUタクソノミー規則（Regulation（EU）2020/852）が成立した。タクソノミー規則の主眼はEUにおけるSDGsをどう達成するかにあり、そのためには持続可能な投資に向けて資本フローの誘導が必要だと指摘している。タクソノミー規則の対象は気候変動の緩和・適応、水と海洋資源の持続可能な利用と保全、循環経済への移行、水・大気・土壌の汚染防止と管理、生物多様性と生態系の保全であり、これらが非財務情報として開示が要求される。また国境炭素税に関しては、欧州グリーンディールの中でも①エネルギー税制指令の改定の提案、②国境調整メカニズムの必要性という形で言及されている。国境調整メカニズムには排出権取引だけでなく、国境炭素税も含まれている。ドイツ、フランスの両国も2020年7月に国境炭素税の導入を支持した[24]。タクソノミー規則の成立や国境調整メカニズムの検討によって、気候変動対策が遅れている日本企業も対策を迫られている。

4．コロナ後のグリーン・リカバリーの各国における議論

　2020年の新型コロナウイルス蔓延による経済不況は深刻な影響をもたらした（図表6）。主要国の四半期GDP成長率を見れば2020年第2四半期では、中国（11.6％）を除けば、日本マイナス8.3％、米国マイナス9.0％、

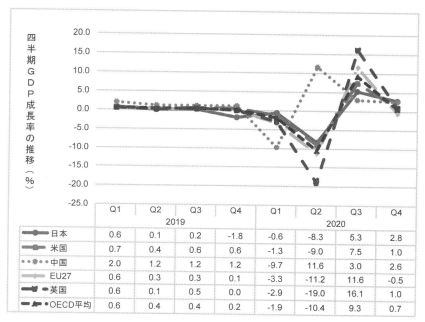

図表6　主要国における GDP 成長率の推移

（出典）OECD Stat より筆者作成

EU27 カ国マイナス 11.2％、英国マイナス 19.0％と大きく落ち込んでいる。2020 年第 3 四半期以降回復基調ではあるものの不況から脱却したとは言えない。

（1）主要国におけるコロナ後のグリーン・リカバリーの議論

　こうした中で、アフターコロナの対策の中心にグリーン・リカバリーを据えるべきだとする議論が台頭している。

　第一に、先にも述べた EU の欧州グリーンディールである。もともとは新型コロナウイルス以前に提示された政策であるが、EU は今回の不況への対策に加えて、欧州 2020 戦略に次ぐ産業戦略の中心として制度構築を行っている段階にある。

　第二に、米国の動きである。トランプ政権は一貫して、気候変動対策に

は消極的であった。シェール革命の中でトランプ政権はパリ協定からの離脱の方針を決定し、国際的に大きな非難を浴びた。

　他方で民主党はそれとは正反対の動きを取った。アレクサンドリア・オカシオ＝コルテス下院議員を中心とする「グリーン・ニューディール」政策である[25]。「グリーン・ニューディール」で言及されている10年以内のグリーン・ニューディールの目標として、①気候変動による災害からのレジリエンスの強化、②米国のインフラの修復と気候変動に対応するアップデート、③ゼロエミッション電源100％を満たすために再エネ電源の飛躍的な導入拡大、④スマートな送電網への更新、⑤建物のエネルギー性能（エネルギー・水の効率性などを含む）、⑥再エネ産業への投資拡大、⑦ゼロエミッション車の製造とインフラ構築を含めた交通輸送セクターにおける温室効果ガス削減の障壁除去などを掲げた。

　これらの考え方は、"Build Back Better"（より良い復興）をスローガンとするバイデン政権の政権公約にも同様の記述がみられる。バイデン政権の政権公約における「現代的で持続可能なインフラと公正なエネルギーの未来の構築のための計画」では、インフラ、自動車産業、公共交通、電力セクター、建物、住宅、イノベーション、農業と環境保全、環境正義の分野に2兆米ドルの投資を行い、2035年までの電力セクターの脱炭素化や建物のエネルギー効率性の強化などを実施するとしている[26]。加えて、「クリーンエネルギー革命と環境正義のための計画」の中では、2050年カーボンニュートラルを掲げ、気候変動・エネルギー分野の研究への投資や経済全体のクリーンエネルギーの革新を促進させるとしている[27]。

　これらの政権公約はバイデン政権誕生後すぐに実行段階に移っている。まず、国家気候担当大統領補佐官にはジーナ・マッカーシー元環境保護庁長官、気候担当大統領特使にジョン・ケリー元国務長官を起用した。その後、2021年1月20日、27日の2回、大統領令が公布される。1月20日の「公衆衛生と環境を保護し、気候危機に対処するための科学の回復のための大統領令」は、各政府機関に対して2017年1月20日から2021年1月20日の間のトランプ政権下での政策のレビュー・停止・改定・取り消しを行うことを命じるとともに、キーストーンXLパイプラインの建設許可を撤回

することとなった[28]。また、同20日にバイデン大統領はパリ協定復帰に署名し、2021年2月19日にパリ協定に復帰した[29]。27日の「国内外の気候危機に対処するための大統領令」では、パリ協定復帰方針を踏まえて、米国が外交政策と国家安全保障の中心に気候変動を置くことを明記した上で、政権公約で掲げた2035年までに電力セクター、2050年までに経済全体のカーボンニュートラルを明記した[30]。さらに政権公約を具体化させるように、気候変動サミットを米国が主催することや、国家気候担当大統領補佐官の創設、再生可能エネルギー（再エネ）や電気自動車（EV）の促進、化石燃料への補助金の削減などが示された。このように、米国はトランプ政権からバイデン政権への政権交代により、気候変動エネルギー政策が180度転換している最中である。

　第三に、韓国や中国等の東アジアの動向である。韓国でもグリーン・リカバリーに関する議論がある。2020年7月に「韓国版ニューディール総合計画」が発表された[31]。「韓国版ニューディール総合計画」の3本柱は、デジタル・ニューディール、グリーン・ニューディール、強いセーフティネットの構築である。2025年までに韓国政府は、デジタル・ニューディール44.8兆ウォン、グリーン・ニューディール42.7兆ウォン、強いセーフティネットの構築26.6兆ウォンの合計114.1兆ウォンを拠出する計画である。韓国はEUの欧州グリーンディールを参考にし、グリーン・リカバリーの議論を進めつつある。この他、中国は直接的にはグリーン・リカバリーには言及していないものの、2020年9月22日の国連総会での習近平国家主席の演説の中で、2030年より前にCO_2排出量のピークに、2060年までの早い段階で実質ゼロを目指すと表明している[32]。

（2）後れを取る日本のグリーン・リカバリー

　海外の動向を見た上で日本の政策の現状を見ると、グリーン・リカバリーの議論は後手を踏んでいる。菅首相の2050年カーボンニュートラル宣言以降、経済産業省が主導して作成された「2050年カーボンニュートラルに伴うグリーン成長戦略」や環境省・経済産業省によるカーボンプライシングの導入検討など、ようやく動き始めたというところである。

「2050年カーボンニュートラルに伴うグリーン成長戦略」では2050年の電源構成が示されており、再エネ50〜60%、原子力および火力＋CCUS・カーボンリサイクル30〜40%、水素・アンモニア10%という案である（図表7）。しかし、これには4つの問題点がある[33]。

　第一に、二酸化炭素回収・有効利用・貯留（CCUS）を用いた火力発電が主要な手段の一つだということである。各国の脱炭素戦略に加えて民間部門でのダイベストメントの状況を踏まえれば、石炭を用いるものであればCCUSを用いた火力発電さえも批判の対象となり得る。

　第二に、原子力への依存度を高めることである。福島第一原発事故以降の日本では原子力発電比率は1割を下回っている[34]。運転年数40年とその後の20年の運転延長を考慮すれば、新増設・リプライスが必要となる可能性が高く、世論の反対は避けられない。

　第三に、この戦略で示された技術に多くの研究開発段階のものが含まれており、他国でも日本でも現実的な手段となった再エネの導入拡大や省エネ・エネルギー効率性の実装をどう行っていくかが見えない点である。同戦略で示された14の行動計画も同様である。

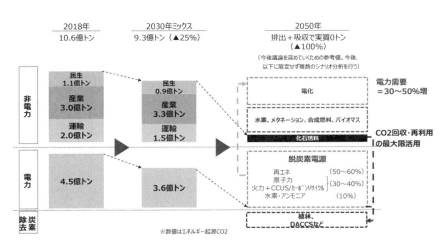

図表7　「2050年カーボンニュートラルに伴うグリーン成長戦略」で
示されたカーボンニュートラルへの転換イメージ

（出典）成長戦略会議（2020）「2050年カーボンニュートラルに伴うグリーン成長戦略」

　最後に、何よりも第6次エネルギー基本計画の議論において、「2050年カーボンニュートラルに伴うグリーン成長戦略」における2050年の電源構成が前提条件となり、再エネ導入目標のキャップ（上限）となりかねないことである。すなわち、第6次エネルギー基本計画と日本のNDCが連動することを鑑みれば、CO_2回収が前提としても、2050年断面においてなおも石炭火力発電を含む火力発電を利用することを示唆することになり、国際的な批判は避けられないだろう。

　本稿でも述べたように、海外からのエネルギー分野を中心としたグリーン化への圧力が強まる中で、日本企業や日本経済に対して大きな制約がかかることが危惧される。各国がグリーン経済を経済復興の柱に据える中で、日本の政策はグリーン経済への転換とそれによる経済復興とは言えず、グローバル・グリーン・ニューディールの潮流から取り残されつつある。

5. 気候危機時代における外的要因と企業経営の検討

　第3節および第4節では日本政府および企業の気候変動対策の促す5つの「外的要因」を概観した。では、この「外的要因」を企業経営の側面から捉え直すとどうなるか。

　まず、ダイベストメントの前提となっているのは国連責任投資原則（PRI）の銀行版である国連責任銀行原則（PRB）である。PRIではESG問題への取り組み、情報開示、業界への働きかけ、協業、報告が求められる。PRBでも同様に、①SDGsとパリ協定が示すニーズや目標と経営戦略の整合性を取る、②事業が引き起こす悪影響を軽減し、好影響は継続的に拡大させる、③顧客に対し世代を超えて繁栄を共有できるような経済活動を働きかける、④利害関係者に助言を求め連携する、⑤影響力が大きい領域で目標を立てて開示、実践する、⑥定期的に実践を検証、社会全体の目標への貢献について説明することが求められている。ダイベストメントの進展は、ESGやSDGsへの投資・融資を必然的に促すこととなる。

　次にRE100とGAFAからの圧力についてである。本稿ではアップルの事例を見てきた。夫馬（2020）にもあるように、アップルも当初からRE100

を掲げていたわけではない。グリーンピースの環境に配慮していないとする勝手格付けへの反論として、脱炭素化と再エネ比率高める動きを始めた。アップルはその後、電源調達や部品調達などのサプライチェーンに至るまで再エネ比率を高めている（冨田（2018））。アップルをはじめとして外国企業によるRE100の圧力は、それまで消極的もしくは無関心だった日本企業を巻き込みつつある。こうした動きは、自社のみならず、サプライチェーン全体において、マイケル・ポーターの提唱する共通価値の創造（CSV）を実現することにつながる。

　最後に欧州グリーンディールにおけるEUタクソノミーについて言及する。EUタクソノミーでは企業の財務情報と並んで、非財務情報としての持続可能な指標の開示が求められる。こうした動きは、社会的責任投資（SRI）やESG投資を促進させるものとなる。

　このように気候危機時代における日本企業が受ける外的要因は、これまでの環境経営の概念をより気候変動対策に先鋭化したものである。菅首相の2050年カーボンニュートラル宣言を経て日本でもようやく脱炭素の議論が始まったが、仮に日本政府および企業の対策が遅れた場合は第4節で述べたコロナ後のグリーン・リカバリーの議論と相まって、これまでのビジネス機会を喪失する可能性が高い。

6.　小括

　本稿では、「他国からの『外圧』が日本の気候変動エネルギー政策や企業経営を変更させ、グリーン・リカバリーを推し進めた」という仮説の下、5つの「外的要因」をもとに検証した。5つの「外圧」、つまり①パリ協定の温室効果ガス削減目標の上積みへの圧力、②ダイベストメント運動による金融機関への圧力、③RE100とGAFA、④欧州グリーンディールによる影響、⑤米国大統領選挙と各国のグリーン・リカバリーによる影響は、日本のこれまでの環境政策と企業行動の在り方を大きく変えていく可能性が高い。パリ協定とSDGsが登場した2015年からの大転換は、脱炭素に係る議論がこれまでのような気候変動の国際交渉や炭素税、排出権取引制度のよ

うに直接的な環境政策に留まらず、投資・サプライチェーンなどの企業活動や産業政策に至るまで影響を及ぼすようになったのである。気候危機とコロナ禍に直面して以降、こうした動きが加速化している。

パリ協定の目標値の上積み、ダイベストメント、RE100、カーボンプライシング、グリーン・リカバリーといずれにおいても、日本政府および日本企業の動きは消極的かもしくはようやく議論を開始した段階にある。しかし、コロナ禍以降のカーボンニュートラルとグリーン・リカバリーを巡る国際動向は大きく変化している。EUや米国などの状況を鑑みれば、気候変動対策とエネルギー政策との一体的な検討や、それらを考慮した成長戦略と企業戦略、そしてその実装が同時に求められているのである。

7. 補遺―急速に気候中立へ向かう世界と後手に回る日本―

本論の執筆後にも、世界・日本問わず、気候中立に向けた急速な変化が見られた。昨今の状況を鑑みれば、本論の記述のみでは不十分であるため、改めて筆を執ることとした。

科学者からの警鐘として挙げられるのが、国連気候変動に関する政府間パネル（IPCC）のは第1作業部会第6次評価報告書である。IPCCは2021年8月、第6次評価報告書（WG1）を公表した。この中では、「人間の影響が大気、海洋及び陸域を温暖化させてきたことには疑う余地がない」とし、想定したすべてのシナリオにおいて2040年に1.5℃の気温上昇を迎えることに言及している[35]。このように、これまでの野心的なシナリオですら不十分である可能性が高く、IPCCの第6次評価報告書（WG1）は全世界に対して警鐘を鳴らしているのである。

政策動向を見れば、2021年4月に米国のバイデン大統領が主宰する気候変動リーダーズサミットが開催され、それに合わせて主要国は数値目標の引き上げを実施した。日本でも地球温暖化対策推進本部において、温室効果ガスを2030年までに2013年比46％削減するとする新たな目標を掲げた。補遺では、国内外で急速に変化する気候変動・エネルギー分野の昨今の状況を概観する。

（1）再生可能エネルギーおよび蓄電池の技術革新と価格逓減

　気候中立を実現するためのコア技術の一つが再エネである。IEA（2021）は、気候中立の実現には2050年に電源構成比で再エネ88％を達成する必要があると指摘する[36]。再エネが気候中立実現のための現実的な選択肢となった理由として挙げられるのが、急速なコスト逓減である。再エネの中でも急速に拡大しているのが太陽光・風力などの変動性再エネ（VRE）である。特に太陽光発電の価格の低下は顕著である。国際再生可能エネルギー機関（IRENA）の集計では、入札価格および均等化発電コスト（LCOE）双方で0.1ドル/kWhを下回る電源が出てきており、化石燃料と価格競争が可能になりつつある（図表8）[37]。このような価格低下の動向から、気候変動対策としてだけではなく、相対的に安い電源として再認識されつつある。

　再エネの価格逓減と同様に重要になるのが、蓄電池のコスト逓減である。蓄電池の生産および導入の拡大は再エネの余剰電力の貯蔵や系統安定化対

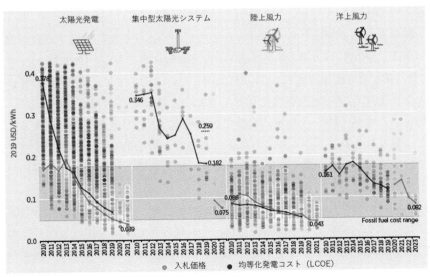

図表8　太陽光発電および風力発電の発電コストの低下

(出典) IRENA（2020）

策に資するだけではなく、電気自動車（BEV）の普及には欠かせない。Ziegler and Trancik（2021）のデータによれば、リチウムイオン電池セルの価格は1991年時点で7523ドル/kWhであったが、2018年には181ドル/kWhと20年間で97％の価格低下が起こっている（図表9）。かつて、風力や太陽光で起こった急速なコスト逓減が蓄電池でも起こっているのである。

　変動性再エネや蓄電池のコスト低下が気候変動・エネルギー政策や企業の環境経営に与える影響は大きい。例えば、エネルギー分野における気候中立の主力電源は再エネとなることが確定的となる上に、RE100の動きが加速化することが予想される。さらに、蓄電池の価格低下に伴い、EUが2035年にハイブリッド車を含むガソリン車販売を禁止する方針であるように、脱炭素が進まなかった輸送分野においても変化が避けられない。こうした動きが世界で驚異的な速さで起こっているのである。

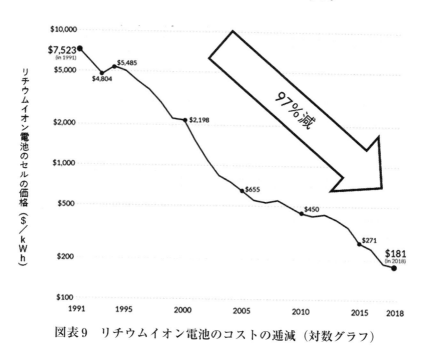

図表9　リチウムイオン電池のコストの逓減（対数グラフ）

（出典）Ziegler and Trancik（2021）、Our World in Data に加筆
注1）価格（ドル/kWh）は2018年を基準年としている。

（2）急速に気候中立へ向かう世界と後手に回る日本

　2021年4月22日、菅首相は地球温暖化対策推進本部において、温室効果ガスを2013年比46％削減するとする新たな目標を掲げた。これまでの日本の温室効果ガス削減目標は2030年までに26％減（2013年比）であったことから削減目標の大幅な引き上げが行われたと言える。

　しかしながら、この目標の引き上げは米国のバイデン大統領が主宰する気候変動リーダーズサミットに合わせたものである。日本以外の国々も、米国、英国、カナダ、中国、ブラジルなどがそれぞれ目標の引き上げを行っている（図表10）[38]。基準年は違えど、半減以上の削減を目指す米欧の主要国に比べれば、日本の削減目標は半減には届いていない。

　野心的削減目標に加えて重要になるのが、削減目標の達成の具体化である。EUでは欧州委員会が欧州グリーンディールの具体化を行うための政策パッケージ「Fit for 55」を提案した。この中身としては、EU排出権取引制度（EU-ETS）の改訂、再エネ指令の改訂（RED Ⅲ）、エネルギー効率指

図表10　気候変動リーダーズサミット後の主要国の削減目標

国/地域	中期目標			長期目標
	削減目標	目標年	基準年	
日本	46（～50）％削減	2030年	2013年	2050年気候中立
米国	50～52％削減	2030年	2005年	2050年気候中立
中国	GDP あたり CO2 排出量で65％削減	2030年	―	2060年気候中立
	石炭消費を段階的に減少	2026 年 ～ 2030年		
EU	55％削減	2030年	1990年	2050年気候中立
英国	78％削減	2035年	1990年	2050年気候中立
ロシア	30％削減	2030年	1990年	目標なし
カナダ	40～45％削減	2030年	2005年	2050年気候中立

（出典）各国 NDC および IGES による仮訳参照

令の改訂、国境炭素調整（国境炭素税）などが含まれる。EUは欧州グリーンディールとFit for 55をもとに、削減目標達成に向けて動き出している。

　では、日本ではどうだろうか。一つのカギとなるのが第6次エネルギー基本計画の議論である。第5次エネルギー基本計画では、2030年の電源構成比を石炭26％、天然ガス（LNG）27％、石油3％、原子力20〜22％、再エネ22〜24％と設定した。先般公表された第6次エネルギー基本計画では、再エネ36〜38％、原子力20〜22％、天然ガス（LNG）20％、石炭19％、石油等2％、水素・アンモニア1％と変更した[39]。これまで以上に「再エネ主力電源化」を前面に打ち出すことで、国際動向と同じように、再エネ導入量をこれまで以上に増やさなければならない状況となっている。しかしながら、電源構成比で再エネ導入量が既に3割を超えてきた欧州各国の状況を目の当たりにすれば、なぜ再エネの導入が遅れたのかという政策的要因の精査が不十分である。また、2030年の石炭火力への依存や、新増設や60年運転延長を必要とする原子力の非現実的な目標など、2050年気候中立と第6次エネルギー基本計画の整合性には疑問符を付けざるを得ない要素が多い。気候危機時代に対応するための環境政策の構築には、これまでの政策の失敗の原因を探り、バックキャストを考慮した制度設計と政策の実行が必要である。

　企業側の対応も同様である。これまで電力会社、鉄鋼業界、化学業界などの影響力が強かった日本の産業界は、脱炭素や再エネの導入に消極的だった。国際動向を踏まえれば、タクソノミーやダイベストメントといったサステナブルファイナンス分野の進展やRE100の国際的枠組み、国境炭素税に向けた制度構築など、カーボンリーケージを防ぐ制度的枠組みやグローバル企業の自主的な枠組みが進んできた。過去20年間、「乾いたぞうきん」論で低炭素化の負担から逃れてきた日本企業には難しい舵取りが突きつけられている。

（3）結語
　本論で論じてきた通り、日本政府および日本企業は「外圧」によって、これまでの政策や企業経営の方向性を大きく転換せざるを得なくなってい

る。奇しくも、本稿の脱稿後、その傾向がより加速化し、その内容を補う必要が出たため、補遺を書き足すこととした。この気候危機時代の環境政策と企業経営の在り方は、さらに加速度的に変化していくことが考えられる。

注
1) 脱稿後に多くの変化が気候変動・エネルギー政策で見られた。これらについては、補遺で言及する。
2) 本稿はSDGsにおける「7　エネルギーをみんなに、そしてクリーンに」「13 気候変動に具体的な対策を」に直接的に関係する。この2つの目標（Goals）はCO_2換算の温室効果ガス削減量や電力に占める再エネ調達比率といった定量化が可能な分野であり、認証制度や環境に関する非財務情報の開示等により基準を厳格化すればSDGsウォッシュを回避できる可能性が高まる。
3) 環境省「温室効果ガス排出・吸収量算定結果」（http://www.env.go.jp/earth/ondanka/ghg-mrv/emissions/）の確報値を用いて算出すれば、2013年14億800万t-CO_2の26％減は2030年10億4192万t-CO_2となる。1990年の温室効果ガス排出量は12億7000万t-CO_2であるため、1990年比に換算すると、17.96％減となる。なお、2013年は1990年以降の年別温室効果ガス排出量が最大であったため、気候ネットワークなどから「基準年ずらし」と批判されている（https://www.kikonet.org/info/press-release/2015-04-30/2030-climate-target）。
4) ジョー・バイデン氏の選挙戦公式ホームページにおける政権公約（https://joe-biden.com/joes-vision/）を参照。
5) 菅義偉内閣総理大臣は2020年10月26日の臨時国会の所信表明演説の中で「2050年までに、温室効果ガスの排出を全体としてゼロにする、すなわち2050年カーボンニュートラル、脱炭素社会の実現を目指すこと」を表明した。
6) United Nations（2015）Paris Agreement（https://unfccc.int/sites/default/files/english_paris_agreement.pdf）参照。
7) Climate Ambition Allianceホームページ（https://cop25.mma.gob.cl/en/climate-ambition-alliance/）参照。
8) 経済産業省（2018）「エネルギー基本計画」（https://www.enecho.meti.go.jp/category/others/basic_plan/pdf/180703.pdf）参照。なお、「3E＋S」とは、日本のエネルギー政策の基本となる概念であり、エネルギー安定供給（Energy Security）、経済効率性（Economic Efficiency）、環境適合性（Environment）、安全性（Safety）を指す。
9) 地球温暖化対策推進本部（2020）「日本のNDC（国が決定する貢献）」（https://www.kantei.go.jp/jp/singi/ondanka/kaisai/dai41/siryou1.pdf）参照。

10）第4節で述べる通り、「2050年カーボンニュートラルに伴うグリーン成長戦略」では2050年の電源構成として、再エネ50〜60％、原子力および火力＋CCUS・カーボンリサイクル30〜40％、水素・アンモニア10％が示されている。これらの電源構成が第6次エネルギー基本計画の議論における前提条件となる可能性がある。

11）他方で2021年3月29日、政府が新規の石炭火力発電の輸出案件への支援を停止する検討に入ったと報道各社が報じている。

12）2020年でパリ協定の採択から5年になる。パリ協定では、5年ごとに「貢献」（削減目標・行動）を提出し、「貢献」の提出に際して削減目標の更新を検討する必要がある。

13）European Parliament（2019）P9_TA（2019）0078, Climate and environmental emergency: European Parliament resolution of 28 November 2019 on the climate and environment emergency, 2019/2930（RSP）を参照。

14）United Nations Secretary-General（2019）Remarks at opening ceremony of UN Climate Change Conference COP25（https://www.un.org/sg/en/content/sg/speeches/2019-12-02/remarks-opening-ceremony-of-cop25, December 2, 2019）において、グテーレス事務総長は日本を含む石炭火力発電所新設計画や建設中の国・地域を批判している。

15）ダイベストメントとは投資（investment）の反対語であり、気候変動の文脈では石炭火力発電をはじめとした化石燃料業界からの投資撤退を指す。

16）責任銀行原則では、パリ協定の1.5％目標の達成や生物多様性のための野心的な目標設定や公表、実施が求められている。

17）RE100は、The Climate GroupとCDPによって運営される企業の自然エネルギー100％を推進する国際ビジネスイニシアティブである。フォーチュン・グローバル500企業も数多く参加しており、事業で用いる電力を再エネ100％にすることを宣言する企業の組織体である。

18）RE100ホームページ（https://www.there100.org/re100-members）を参照すれば、AmazonはRE100の一覧には掲載されていない（2021年3月現在）。他方で、パリ協定の2050年目標達成を10年前倒しした気候変動対策に関する誓約「The Climate Pledge」を発表し、2040年までの脱炭素化、2025年までの再エネ電力比率100％を表明している。

19）大林ミカ（2017）「米アップル社：100％自然エネルギーを実現する──「Revision 2017」より」、自然エネルギーアップデート（https://www.renewable-ei.org/activities/column/20170421.html）参照。

20）新宿マルイ本館の電力調達モデルは、電力供給時に固定価格買取制度（FIT）による支援を受けていない卒FITや非FITの再エネによる電気をブロックチェーン技術を用いてトラッキングを行っている。なお、2018年時点の日本では環境

価値や電力のトラッキングの制度化に課題があり、アップル社が日本で再エネ100％を満たすためには卒FIT・非FITの再エネを購入することが必要であった。

21)　アップル社の「Environmental Progress Report. 2019」では、自社で再エネ利用100％を実現している他、サプライチェーンでも70社以上が再エネ100％にコミットし、ピークだった2015年より温室効果ガス排出量を35％削減したとしている。

22)　①2030年・2050年の野心的な気候変動目標の引き上げの中では、具体的に2050年気候中立を目指す新気候法の成立と2030年までに温室効果ガス排出量を1990年比で少なくとも55％削減を明記するとともに、カーボンリーケージを回避するための国境調整を含む炭素税の構築や排出権取引制度（EU-ETS）の改正などを通じたカーボンプライシングの促進が明記されている。

23)　ここでのタクソノミー（分類）は何が持続可能であるのかを明確にするための分類であり、これらを提示することで投資案件が持続可能であるかを指す。

24)　EUでの税制改正は全会一致制であるため、一部の東欧諸国などが反対すると成立しない可能性もある。

25)　Ocasio-Cortez, Alexandria（2019）'H.Res.109 - Recognizing the duty of the Federal Government to create a Green New Deal.', 116th Congress（2019-2020）, Introduced 02/07/2019 を参照。

26)　ジョー・バイデン氏の選挙戦公式ホームページにおける政権公約「The Biden Plan to Build a Modern, Sustainable Infrastructure and an Equitable Clean Energy Future」（https://joebiden.com/clean-energy/）参照。

27)　ジョー・バイデン氏の選挙戦公式ホームページにおける政権公約「The Biden Plan for a Clean Energy Revolution and Environmental Justice」（https://joebiden.com/climate-plan/）参照。

28)　The White House（2021）"Executive Order on Protecting Public Health and the Environment and Restoring Science to Tackle the Climate Crisis"（https://www.white-house.gov/briefing-room/presidential-actions/2021/01/20/executive-order-protecting-public-health-and-environment-and-restoring-science-to-tackle-climate-crisis/, January 20, 2021）を参照。

29)　The White House（2021）"Paris Climate Agreement"（https://www.whitehouse.gov/briefing-room/statements-releases/2021/01/20/paris-climate-agreement/, January 20, 2021）を参照。

30)　The White House（2021）"Executive Order on Tackling the Climate Crisis at Home and Abroad"（https://www.whitehouse.gov/briefing-room/presidential-actions/2021/01/27/executive-order-on-tackling-the-climate-crisis-at-home-and-abroad/, January 27, 2021）を参照。

31)　Government of the Republic Korea（2020）"KOREAN NEW DEAL: National

Strategy for a Great Transform" (http://english.moef.go.kr/skin/doc.html?fn=Korean New Deal.pdf) を参照。

32） 田村他（2020）参照。

33） 成長戦略会議（2020）「2050年カーボンニュートラルに伴うグリーン成長戦略」（https://www.cas.go.jp/jp/seisaku/seicho/seichosenryakukaigi/dai6/siryou2.pdf）参照。

34） 2018年の電力に占める原子力比率は6％である。

35） IPCC（2021）を参照。

36） IEA（2021）は気候中立を実現する2050年の電源構成のシナリオを示しており、割合は再エネ88％（太陽光33％、風力35％、水力12％、バイオマス5％、その他3％）、原子力8％、水素2％、CCUSを前提とした化石燃料2％である。

37） IRENA（2020）p.25を参照。

38） EUは、欧州気候法制定時に2030年までに40％削減（1990年比）から55％削減（1990年比）への引き上げを行っている。

39） 経済産業省資源エネルギー庁「エネルギー基本計画（素案）」（https://www.enecho.meti.go.jp/committee/council/basic_policy_subcommittee/2021/046/046_005.pdf）を参照。

参考文献

明日香壽川（2015a）『クライメート・ジャスティス―温暖化対策と国際交渉の政治・経済・哲学』、日本評論社

明日香壽川（2015b）「パリCOP21合意後の世界 ― ダイベストメント、情報開示、訴訟リスク」、Energy Democracy、2016年4月22日、https://www.energy-democracy.jp/1580

明日香壽川（2020）「だれがグリーン・リカバリーを邪魔しているのか」Web論座、2020年7月16日、https://webronza.asahi.com/science/articles/2020071500001.html

明日香壽川（2021）『グリーン・ニューディール－世界を動かすガバニング・アジェンダ』

飯田哲也（2020）「複合危機をどう乗り越えるか」『世界』2020年6月号、岩波書店

飯田哲也（2021）「すぐそこにある再エネ社会－誰がこの転換を妨げるのか？」『世界』2021年6月号、岩波書店

歌川学（2021）「＜今ある技術＞で脱原発は可能だ」『世界』2021年9月号、岩波書店

江田健二・阪口幸雄・松本真由美（2020）『「脱炭素化」はとまらない！―未来を描くビジネスのヒント』成山堂書店

亀山康子（2021）「バイデン政権の気候変動対策と日本」『世界』2021年4月号、岩波書店

小西雅子（2020）「COP25－若者の声に大人たちは応えたか？」『世界』2020年2月号、岩波書店

ジェレミー・リフキン（2020）『グローバル・グリーン・ニューディール－2028年までに化石燃料文明は崩壊、大胆な経済プランが地球上の生命を救う』NHK出版

自然エネルギー財団（2021）「Renewable Pathways：脱炭素の日本への自然エネルギー100％戦略」、https://www.renewable-ei.org/pdfdownload/activities/REI_JP-RenewablePathwaysDecarboStrategy.pdf

高橋洋（2021）『エネルギー転換の国際政治経済学』日本評論社

高村ゆかり（2021）「カーボンニュートラルへ　日本の課題」『世界』2021年6月号、岩波書店

田村堅太郎・劉憲兵・金振・有野洋輔（2020）「中国2060年炭素中立宣言についての解説」IGES Working Paper、https://www.iges.or.jp/jp/publication_documents/pub/workingpaper/jp/10997/2060%E5%B9%B4%E7%82%AD%E7%B4%A0%E4%B8%AD%E7%AB%8B_final.pdf

道満治彦（2020）「EUの再生可能エネルギー市場統合戦略―「優遇」から「市場統合」へ」MUFG BizBuddy

冨田秀実（2018）『ESG投資時代の持続可能な調達』日経BP

蓮見雄（2020a）「ジオポリティックスからレジリエンスへ：次世代のエネルギー安全保障」世界経済評論IMPACT、http://world-economic-review.jp/impact/article1835.html

蓮見雄（2020b）「欧州グリーン・ディールのグローバル・インパクト」MUFG BizBuddy

蓮見雄（2021a）「欧州のエネルギー・環境政策の俯瞰―欧州グリーンディールの射程（前編）」『石油・天然ガスレビュー』Vol.55 No.2（2021年3月号）、独立行政法人石油天然ガス・金属鉱物資源機構

蓮見雄（2021b）「欧州のエネルギー・環境政策の俯瞰―欧州グリーンディールの射程（後編）」『石油・天然ガスレビュー』Vol.55 No.3（2021年5月号）、独立行政法人石油天然ガス・金属鉱物資源機構

八田浩輔（2020）「欧州グリーンディールが描く未来のシナリオ」『世界』2020年6月号、岩波書店

平田仁子（2021）「"脱炭素"は企業を変える－高まる株主・投資家からの声」『世界』2021年9月号、岩波書店

藤井良広（2021）『サステナブルファイナンス攻防』、きんざい

夫馬賢治（2020）『ESG思考―激変資本主義1990-2020、経営者も投資家もここまで変わった』、講談社

マイケルE. ポーター・マークR. クラマー（2011）「経済価値と社会的価値を同時実現する共通価値の戦略」『DIAMONDO　ハーバード・ビジネス・レビュー』2011

年6月号

水口剛（2019）『サステナブルファイナンスの時代―ESG/SDGsと債券市場』きんざい

水口剛（2021）「ESG投資が変える社会」『世界』2021年9月号、岩波書店

未来のためのエネルギー転換研究グループ（2020）「原発ゼロ・エネルギー転換戦略－日本経済再生のためのエネルギー民主主義の確立へ」、http://energytransition.jp/wp-content/uploads/2020/03/ETSreport20200222.pdf

諸富徹（2020）「日本資本主義とグリーン・ニューディール―パンデミックが促す構造転換」『世界』2020年6月号、岩波書店

湯山智教（2020）『ESG投資とパフォーマンス―SDGs・持続可能な社会に向けた投資はどうあるべきか』きんざい

Apple（2020）"Environmental Progress Report. 2019", https://www.apple.com/environment/pdf/Apple_Environmental_Progress_Report_2020.pdf

European Commission (2019) The European Green Deal, COM(2019) 640 final

European Commission (2020) Europe's moment: Repair and Prepare for the Next Generation, COM(2020) 456 final

European Commission (2020) establishing the framework for achieving climate neutrality and amending Regulation (EU) 2018/1999 (European Climate Law), COM (2020) 80 final

European Parliament (2019) P9_TA (2019) 0078, Climate and environmental emergency: European Parliament resolution of 28 November 2019 on the climate and environment emergency, 2019/2930 (RSP)

Government of the Republic Korea (2020) "KOREAN NEW DEAL: National Strategy for a Great Transform", http://english.moef.go.kr/skin/doc.html?fn=Korean New Deal.pdf

IEA (2021) "Net Zero by 2050: A Roadmap for the Global Energy Sector", https://iea.blob.core.windows.net/assets/beceb956-0dcf-4d73-89fe-1310e3046d68/NetZeroby2050-ARoadmapfortheGlobalEnergySector_CORR.pdf

IPCC (2021) "Climate Change 2021: The Physical Science Basis, Working Group I contribution to the Sixth Assessment Report of the Intergovernmental Panel on Climate Change", https://www.ipcc.ch/report/ar6/wg1/downloads/report/IPCC_AR6_WGI_Full_Report.pdf

Regulation (EU) 2018/1999 (2018) on the Governance of the Energy Union and Climate Action, amending Regulations (EC) No 663/2009 and (EC) No 715/2009 of the European Parliament and of the Council, Directives 94/22/EC, 98/70/EC, 2009/31/EC, 2009/73/EC, 2010/31/EU, 2012/27/EU and 2013/30/EU of the European Parliament and of the Council, Council Directives 2009/119/EC and (EU) 2015/652 and repealing Regulation (EU) No 525/2013 of the European Parliament and of the Council

Regulation (EU) 2020/852 on the establishment of a framework to facilitate sustainable investment, and amending Regulation (EU) 2019/2088

UNFCCC (2016) 'Aggregate effect of the intended nationally determined contributions: an update', https://unfccc.int/resource/docs/2016/cop22/eng/02.pdf

Urgewald and BankTrack (2018) "COP24: New research reveals the banks and investors financing the expansion of the global coal plant fleet", https://www.banktrack.org/article/cop24_new_research_reveals_the_banks_and_investors_financing_the_expansion_of_the_global_coal_plant_fleet

Yossi Cadan, Ahmed Mokgopo and Clara Vondrich (2019) "$11 Trillion and counting: new goals for a fossil-free world.", https://financingthefuture.platform350.org/wp-content/uploads/sites/60/2019/09/FF_11Trillion-WEB.pdf

（どうまん　はるひこ／神奈川大学）

講 演 会

日本企業によるCSR、CSV、SDGsへの
取り組みをめぐって

樋　口　晃　太（コーディネータ）
日　高　克　平（コーディネータ）

1. はじめに

　日本比較経営学会では、2019年度の統一論題「持続可能な社会と企業経営—地域からみたSDGs（持続可能な開発目標）—」、そして2020年度「CSRの再検討—CSV経営の可能性と課題—」のもと、ビジネスを通した社会問題の解決について議論を重ねてきた。

　CSRやCSV、SDGsをビジネスに実装する有力な手段の1つは、社会問題の解決に資する商品・サービス、すなわち「ソーシャルプロダクツ」[1] の開発・展開である。企業が商品・サービスを通して社会問題に取り組むなら、提供価値やサプライチェーン、時には事業環境そのものを、サステナビリティの観点から見直さなければならない。

　そこで本講演会では、長年ソーシャルプロダクツを手掛ける小売・メーカー企業を招聘し、国内におけるCSR、CSV、SDGsへの取り組みをめぐって、現場の最前線に迫った。

　第1講演は、元・イオントップバリュ株式会社 マーケティング本部ブランドマネジメント部 CSR／CSV推進担当の有本幸泰氏による「これからの小売業が『守るべきもの』と『変えていくもの』」である。有本氏は在職中、フェアトレードやオーガニックといったソーシャルプロダクツのPB（プライベート・ブランド）展開をけん引してきた。

第2講演は、アサヒグループホールディングス株式会社 事業企画部サステナビリティグループの染谷真央氏による「被災地に『なりわい』と『にぎわい』を生み出す希望の大麦プロジェクト」である。染谷氏は同社の国内におけるサステナビリティ活動を統括しており、ビール大麦の産業形成を通して東日本大震災の復興支援に注力してきた。

本稿では、それぞれの講演内容を要約する形で、企業が社会問題の解決をビジネスに実装する上での知見を探求していく。

2. これからの小売業が「守るべきもの」と「変えていくもの」

第1講演ではまず、これからの小売業が「守るべきもの」を体現する事例として、イオントップバリュ株式会社（以下、イオン）のPB（プライベート・ブランド）「TOPVALU」におけるフェアトレード商品の開発経緯が報告された。その後、開発経緯を振り返って、小売業が「変えていくもの」を導く構成となっている。

企業が社会問題に取り組むにあたって「守るべきもの」は、「経営理念」である。イオングループでは基本理念として「お客さまを原点に平和を追求し、人間を尊重し、地域社会に貢献する」[2] を掲げている。平和でなければ、ショッピングを楽しむことはもちろん、商品・サービスの供給もままならない。顧客を中心に据えた平和の追求が、小売業の使命である。

企業による社会問題の解決において、理念を置き去りにすれば、真にビジネスとの一体化は望めない。上辺だけの取り組みに終始する危険性も考えられる。社会のニーズと、企業の理念や使命を行きつ戻りつしながら、CSVやSDGsを発想・企画することで、地に足のついた取り組みを展開できるであろう。

イオンでは、2000年代ごろから「TOPVALU」を通して、フェアトレード商品の展開に注力しはじめた。そのキッカケは、「お買い物を通じて国際貢献がしたい」という消費者の声であった。まさに、消費者と一緒に平和を追求する取り組みと言えよう。しかし、フェアトレード商品の展開は、必ずしも順風満帆ではなかった。一部の消費者からは「価格が高い」「品質

に不安がある」といった声も受け取り、この取り組みが本当にビジネスとしてサステイナブルなのかどうか？といった疑問の声も生じた。

そうした葛藤の中、2009年に転機が訪れる。中央大学商学部日高克平ゼミの学生から「もっと気軽に購入できる商品が欲しい」との提案があった。それをキッカケに、現地で商品を生産して輸入する方式から、フェアトレード認証原材料を輸入して国内の工場で加工する方式に切り替え、価格を抑えると同時に、味に関しても消費者の声を反映した商品開発に成功したのである。提案を受けた翌年には、「TOPVALU」から日本初の国内製造フェアトレード認証チョコレートの発売を果たした。

2012年には、商品開発に関わった日高ゼミの後輩学生から「先輩のつくったチョコレートはどうですか？」という質問があり、発売からの時間経過とともに苦戦していることを伝えたところ、パッケージデザインのリニューアル提案を受けた。デザインを全国から募集した上で審査などを実施して、ついに2013年2月には発売[3]までこぎつけ、好評を博した。

その後、CSVやSDGsの拡大も相まって、フェアトレードのみならず、オーガニックやエコ、地域活性化などに関連したソーシャルプロダクツは、「TOPVALU」のラインナップとして定着していったのである。

ここまでのフェアトレードチョコレート開発ストーリーから、企業が社会問題に取り組むにあたって「変えるべきもの」が見えてくる。すなわち、顧客との「コミュニケーション」こそが変えるべきものとなる。

どれほど社会問題の解決に資する商品・サービスを開発しても、消費者に受け入れられなければ意味を成さない。品質や価格、提供価値を磨き上げ、消費を通じた社会貢献に参加するハードルを下げる必要がある。しかし、1つのソーシャルプロダクツにおいて、「消費者にとっての価値」と、「社会にとっての価値」の内容やバランスを、それぞれ適切に設定することは難しい。

そこで重要になるのが顧客との「コミュニケーション」である。「TOP-VALU」にフェアトレード商品が定着したのは、消費者の声に耳を傾けながら、消費者と共に商品を進化させてきたからであろう。

CSVやSDGsの取り組みでは、顧客に対する一方的なコミュニケーショ

ンは通用しない。商品・サービスが提供する価値の受け手が消費者のみならず、社会全体に及ぶからである。目下、グローバル化やICT化の進展、環境問題の深刻化などにともなって、消費者のニーズも社会のニーズも、目まぐるしく変化している。顧客との密なコミュニケーションを通じて、提供価値の内容やバランスを調整し続けなければならない。

　イオングループではサプライチェーンの下流だけでなく、サプライチェーンの上流についても、顧客とのコミュニケーションを活性化する仕組みとして「お取引先さまホットライン」を導入[4]した。このホットライン上では、「TOPVALU」のサプライチェーンに従事するすべて組織や従業員が、人権侵害や労働環境などに関して、匿名で相談することができる。

　こうした相談窓口は、第三者機関の一般社団法人「ザ・グローバル・アライアンスフォー・サステイナブル・サプライチェーン（ASSC）」が担い、相談内容に応じて、ASSCと「イオンサプライチェーン取引行動規範事務局」が連携して対応にあたる。

　顧客とのコミュニケーションにあたっては、第3セクターなどとの連携も検討する必要がある。

3. 被災地に「なりわい」と「にぎわい」を生み出す　希望の大麦プロジェクト

　第2講演ではまず、アサヒグループホールディングス株式会社（以下、アサヒグループ）が、一般社団法人東松島みらいとし機構（HOPE）との連携で、東日本大震災の復興支援に取り組む「希望の大麦プロジェクト」の変遷について、4つのフェーズに分けて報告された。その上で、プロジェクトの発展要因を導く構成となっている。

　「希望の大麦プロジェクト」とは、東日本大震災で被災した東松島市沿岸部でビール大麦を栽培し、浸水した土地を有効活用する取り組みである。大麦産業の形成を通して、被災地に「なりわい」と「にぎわい」を生み出すことが目的として掲げられている。

　プロジェクトは2014年にスタートし、2020年までに大麦の総収穫量は

150tを突破、栽培面積は19haまで拡大させ、津波被災土地の有効活用に大きく貢献した[5]。プロジェクトが今日の成果に至るまでの変遷は、大きく以下の4つのフェーズに分けられる。すなわち、「第1期：フィランソロピー展開」「第2期：ネットワーク構築」「第3期：ビジネスモデル形成」「第4期：産業クラスター構想」である。

「第1期：フィランソロピー展開」は、2011年3月11日の東日本大震災から、2014年の「希望の大麦プロジェクト」発足にいたるまでの時期を指す。アサヒグループでは、東日本大震災の復興支援に2011年から継続して取り組んでいる。具体的には、震災直後における物資や義援金の寄付、2011年4月ごろからは社員を現地に派遣してボランティアを実施してきた。活動内容は、ボランティアセンターの立ち上げや運営、被災されたイチゴ農家の支援、学校の再建など多岐にわたる。ボランティアを通して、被災地のステークホルダーとの関係が深まっていった。2012年ごろからは、中長期的な支援を見据えて、現地のニーズ調査に注力する。調査方法は、アサヒグループの社員による、60回近くの現地訪問、ならびに38の市町村やNPOへのヒアリングである[6]。入念な現地調査を通して、津波で浸水した土地の有効活用が課題として浮かび上がり、アサヒグループのノウハウを応用しながら、ビール大麦の栽培に着手しはじめる。

「第2期：ネットワーク構築」は、2015年から2017年ごろ、現地における生産体制の確立や「希望の大麦」の商品化がなされた時期を指す。ビール大麦の生産基盤と、収穫した大麦を加工して商品化するにあたって、被災地のステークホルダーとの事業ネットワークを構築する必要があった。その際、寄付やボランティアを通して深めた現地との関係を起点に、生産者や加工メーカーとの連携を進めていくことで、お菓子や麦茶、地ビールなど、さまざまな商品を開発していった。とくに、東松島市の株式会社加美町振興公社とのコラボレーション商品である「GRAND HOPE（グランドホープ）」[7]は2016年2月に発売し、わずか1か月で3,000本が完売するなど、好評を博した。

「第3期：ビジネスモデル形成」は、2018年から2020年ごろ、生産規模の拡大に伴って「希望の大麦」がアサヒビールの主力ブランドの原料に採

用され、プロジェクトがビジネスモデル化された時期を指す。2018年には、大麦の生産量が、初年度収穫量の50倍以上に匹敵する54.6tにまで拡大した[8]。そこで満を持して、アサヒビールの主力ブランド「クリアアサヒ」の原料に「希望の大麦」を一部活用した「クリアアサヒ とれたての贅沢」を発売する。売り上げの一部を復興支援に役立てる仕組みも取り入れた同商品は、2020年10月までに東北6県で合計432万6,816本を売り上げ[9]、プロジェクトがアサヒグループのビジネスモデルとして結実した。

「第4期：産業クラスター構想」は、震災から10年の節目を迎える2021年以降の新たな展開を指す。具体的には、大麦産業としてのサステナビリティを高める2つの取り組みを進めている。1つ目は、大麦の未活用資源を利用したソーシャルプロダクツの開発である。たとえば、ビールの製造過程で焙煎した後、食品廃棄物になってしまう麦芽を2次利用したエコカップの開発や、本来は収穫の段階で粉砕されてしまう大麦の茎部分を活用したエコストロー開発を進めている。2つ目は、産業マッチングとビアツーリズムを通した、大麦産業クラスターの形成である。前者は、東松島市の特産品と「希望の大麦」関連商品を組み合わせた「モノ」の企画・展開を想定している。たとえば、地元の特産品を活用して、ビールのおつまみやフレーバーを開発することなどが考えられる。後者は、大麦収穫を体験したり、醸造家と交流したり、ビールと料理のペアリングを楽しんだりできる「コト」の企画・展開を想定している。

第1−4期の変遷を踏まえて、「希望の大麦プロジェクト」の発展要因を考察するなら、以下の2つが注目に値する。1つ目は、第1期の寄付やボランティアを通して深めたステークホルダーとの関係性が、第2期の事業ネットワーク構築に寄与している点である。無論、震災復興のための各種フィランソロピーは、のちのビール大麦栽培を見据えて意図的に実施されたわけではない。しかし、ステークホルダーとの対話を繰り返すことで、自社の事業領域と重なる地域課題の発見につながり、創発的にCSVが実現され得ることが示唆された。2つ目は、アサヒグループとしてのビジネスモデル形成を、東松島市内での事業ネットワークやビール大麦の収穫量が安定するまで急がなかった点である。もし、プロジェクト初期からアサヒビー

ルの原料確保を主目的に取り組みを進めていれば、被災地の生産者やメーカー、消費者といったステークホルダーから共感を得られなかったり、彼らの復興・自立が促されず、ひいては今日のプロジェクト発展が見込めなかった可能性も懸念される。

4．おわりに

　本講演会では、イオンによる「TOPVALU」のフェアトレード商品の開発過程と、アサヒグループによる「希望の大麦プロジェクト」の発展過程をたどって、日本企業におけるCSR、CSV、SDGs実装の最前線に迫った。以下、結びに代えて、それぞれの講演内容を振り返る。

　第1講演（有本氏）では、CSVやSDGsに取り組む上での指針として、経営理念に沿った社会問題の解決を目指すことが強調された。また、現場展開にあたっては、顧客と密なコミュニケーションを図りながら、消費者および社会に対する提供価値の内容・バランスを調整し続けることが重要という。その際、第3セクターなどとの連携も有効であることが示された。

　第2講演（染谷氏）では、一見ビジネスとの結びつきが弱いフィランソロピーであっても、支援に関わるステークホルダーとの対話を繰り返すことで、自社の事業領域と重なる社会問題を発見し、創発的にCSVが実現され得ることが導かれた。さらには、社会問題の解決をビジネスに実装するにあたって、事業に関わるステークホルダーの自立や発展を優先させることが、ビジネスモデルの安定につながる可能性も示唆された。

　2つの講演は、企業がCSR、CSV、SDGsをビジネスに実装する上で、極めて実践的かつ学術的にも意義深い知見に溢れる内容であった。

【謝辞】本講演会では、SDGs採択に先駆けて、ビジネスによる社会問題の解決を実践してきた国内2社の取り組みを詳細にご報告いただき、年度テーマ「CSRの再検討―CSV経営の可能性と課題―」に相応しい講演会となったように思われる。最後に、日々の業務がお忙しい中、貴重なご講演を賜った有本氏と染谷氏、講演会の企画やコーディネートにご協力いただいた一般社団法人ソーシャルプロダクツ普及推進協会（APSP）の皆さまに厚く御礼を申し上げる。

注

1) 「企業および他の全ての組織が、生活者のみならず社会のことを考えて作りだす有形・無形の対象物（商品・サービス）のことで、持続可能な社会の実現に貢献するもの」と定義されている。※「ソーシャルプロダクツの定義」『APSP HP』（http://www.apsp.or.jp/socialproducts/）。

2) 「イオンの基本理念」『イオン株式会社 HP』
（https://www.aeon.info/company/concept/）。

3) 当該商品は、持続可能な社会の実現につながる優れた商品・サービスの表彰制度「ソーシャルプロダクツ・アワード2013」を受賞している。※アワードの概要については、「―フェアトレードチョコレート―甘さひかえめビター まろやか口どけミルク」『APSP HP』（http://www.apsp.or.jp/spa_award_year/2013/）。

4) 「お取引先さまホットライン」『イオン HP』
（https://www.aeon.info/sustainability/contact/）。

5) 「被災した土地で栽培した大麦を使ってウイスキー原酒の製造を開始！」『アサヒビール プレスリリース』
（https://prtimes.jp/main/html/rd/p/000000680.000016166.html）。

6) 「希望の大麦プロジェクト」『アサヒグループ HP』
（https://www.asahigroup-holdings.com/csr/assistance/barleyofhope.html）。

7) 当該商品は、「ソーシャルプロダクツ・アワード2017」を受賞している。※アワードの概要については、「東松島地ビール『GRAND HOPE』」『APSP HP』（http://www.apsp.or.jp/spa_award_year/2017/）。

8) 注6参照。

9) 「東北6県限定商品『クリアアサヒ 東北の恵み』11月17日（火）発売！」『アサヒグループ HP』（https://www.asahibeer.co.jp/news/2020/1013_1.html）。

※注における文献の最終閲覧日は、2021年3月12日。

（ひぐち こうた／中央大学）

（ひだか かっぺい／中央大学）

現代CSRの論点と課題
——日本型CSRの創造に関連して——

足　立　辰　雄

1. 問題提起

　2019年末に中国で発生した新型コロナウィルス（covid-19）の世界的な感染の流行は、グローバルな利益を求める戦後資本主義の経済成長にストップをかけただけでなく、人間と自然、社会の良好な関係はどうあるべきかの根本的な問題を問いかけている。2011年3月に、東京電力が原発事故史上最悪のレベル7という福島第一原発事故を起こしたが、現在も再臨界の危険がある核燃料デブリが原子炉格納容器内外に残されたままで除去できる見通しは立っていない。この10年間に国家の危機的な災害を2度も経験した国として、国連が提唱するSDGs（持続可能な開発目標）を真剣に議論し、持続可能な社会づくりへの科学的な政策の立案が待たれている。ちなみに、SDGsの掲げる17分野のなかで、感染症対策は「3.すべての人に健康と福祉を」、原発ゼロに向けた再生可能エネルギーの推進対策は「7.エネルギーをみんなにそしてクリーンに」で取り扱われる。

　このSDGsが有効に立案され実践されるためには、国のSDGs政策が公正かつ科学的に議論されることを前提に、すべての営利企業や官公庁、組織が正確なSDGs目標を持ち、ISO26000（組織の社会的責任規格）の内容を反映したCSR（またはSR）と一体的に展開されなければならない。持続可能な社会づくりとは、人間社会だけの利己的な成長または物欲本位の短期的な利益の獲得に目を奪われず、自然や社会との共生や共益など長・中期

的な視点からコントロールする倫理的な取り組みを意味する。そのために
は、倫理的な企業や組織のマネジメントを推進しうるISO26000（組織の社
会的責任規格）を社会のあらゆる企業、組織で応用し実践する社会的な仕
組みをもたなければならない。

　SDGs（持続可能な開発目標）やCSR（企業の社会的責任）が持続可能な
成長を実現しうるか否かは、モラルのある企業（CSR優良企業）とモラル
のない企業（利益本位の非CSR企業）との理論と実践における競合的な力
関係に大きく依存する。前者のモラルある企業（ミクロ）が多数派を占め
るにはどのような理論的、実務的課題があるのだろうか。また、CSR優良
企業を支援するうえで有効な公共政策や社会的制度（マクロ）はどうある
べきかについての課題も検討されなければならない。本研究は、持続可能
な成長を実現する重要な経営管理手法としての現代CSRを有効にし活性化
するための論点と方策を提起するものである。

　本稿の研究の特徴は次の三点にある。第一に、持続可能な開発または成
長に関わるSDGs、CSR、CSVの異同、関係性を批判的かつ統合的に理解
して運用する。第二に、現行の企業の経営理念や経営哲学がSDGsやCSR
に対応しているかを自己点検し、日本の商人道を提唱した石田梅岩の心学
のすぐれた点をCSRに適用してモラルある会社づくり（日本型CSR）を提
唱する。第三に、個別企業（ミクロ）の公正な成長目標のベクトルと持続
可能な国や自治体など（マクロ）の目標（SDGsなど）のベクトルがほぼ
同じ方向を向くように、行政組織、経済界が公正な基準で指導、啓発、支
援すべき制度的課題を明らかにする。

2．SDGs、CSR、CSVの統合的運用

　なぜ、持続可能な開発や持続可能な成長という言葉が世界の共通の関心
事になったのか、その歴史的な背景を考察して、持続可能な社会づくりに
SDGsとCSRが必須のキーワードになることを確認しよう。最初に、
Sustainability（持続可能性）に関わる重要なキーワードの意義と限界を認
識し、企業経営のレベルで統合的に運用する際の論点を整理しておく。

（1）SDGs（Sustainable Development Goals）

　ローマクラブという民間の研究団体が、1972年に『The Limits to Growth（成長の限界）』という研究成果を発表した[1]。地球資源と経済成長の関係を分析して、世界企業が経済成長と利益拡大に執着し奔走する間に激化しつつある地球環境問題の存在を初めて世界に公表した。人類の経済活動の結果として、人口が増加し、農産物、畜産物、水産物や化石燃料などの資源の枯渇、炭酸ガスや放射性廃棄物、有害化学物質などの汚染とその蓄積が進み、今後100年以内に「成長の限界」に直面して人類の生存を脅かす事態になると警鐘した。同書は、化石燃料を燃やして発生する炭酸ガス（二酸化炭素など）が温室効果をもち、「熱汚染」を環境中にばらまくことを1970年代初めに示唆していた。「熱汚染は、地球が正常に吸収する太陽熱のある量を上回るほどになると、気象上の影響をもつようになるかもしれない」[2]。同書が公刊されてからほぼ50年が経過したが、原発事故や化学物質など汚染の拡大や地球温暖化もふくめ地球環境の危機を予測した功績は特筆に値する。

　このローマクラブの執行委員であった大来佐武郎氏は、世界の国に拘束力をもたせた行動提起ができるように、日本政府と国連に働きかけて「環境と経済に関する委員会」の設置を提案した。その結果、1984年に「環境と開発に関する世界委員会」（World Commission on Environment and Development, WCED）が設立され、ノルウェーの元首相であったブルントラント（Gro Harlem Brundtland）が委員長になった。このブルントラント委員会が1987年に公表した『Our Common Future（我ら共有の未来）』と題するレポートの中で持続可能な開発（Sustainable Development）という用語が初めて使用された。「人類は、持続可能な開発を創造する能力を持っている。その能力とは、将来の世代の欲求を満たす能力を損なわずに現在の世代の欲求を満たす能力をいう」[3]。

　このレポートを受けてこれまでに開かれた持続可能性に関わる主要な国際会議は、次の通りである。1992年のブラジルで開催された「国連環境開発会議」（「地球サミット」）、1997年京都の国連気候変動枠組条約締約国会議（COP7）、2000年の国連ミレニアム・サミット（MDGsを採択してい

る）、2015年にパリで行われたCOP21があげられる。2015年のパリ協定では、MDGs（Millenium Development Goals）を継承したSDGs（Sustainable Development Goals）が新たに採択され、2030年までに国連加盟各国が達成すべき17分野、169のターゲットの目標を掲げている。

　国際的な持続可能性に関わる会議をふりかえると、1990年代は主に地球環境問題の解決に焦点を合わせていたが、21世紀に入ると、人権の尊重と平等、ジェンダー差別の解消、企業の社会的責任などの社会環境問題も含むグローバルな問題にまで対象が広がった。国連が主導する持続可能な開発への様々な取り組みは、大国の離脱や背信行為もあって一部の実績を除きその多くが未達成に終わっており、新しい目標やスローガンを更新しつつ、年々悪化する環境的・社会的リスクに懸命に対応しているのが実状である。だが、目標がほぼ達成された稀有な事例もある。南極上空のオゾンホールの減少である。太陽からの有害な紫外線から守るオゾン層の濃度が薄くなり穴が開いたようになるオゾンホールは、2000年以降閉じつつあり、「オゾン層が回復している」と報告されている。1987年に採択されたモントリオール議定書で冷蔵庫などの冷却設備やエアゾール缶に使用されていたクロロフルオロカーボン（CFCs）の使用禁止を決めいちはやく世界的に実行したことが成果につながったといえる[4]。

　SDGsの目標を設定する直接の責任は国連加盟各国だが、世界を構成するすべての個人や企業、団体にも呼びかけ親しみやすいアイコンやバッジも活用して若者や幅広い市民にもSDGsへの関心を高めている。SDGsは現代世界に生きる人々の幸福とは何か、人間活動と自然環境との共生はどうあるべきかを各国の政府と国民に問うている。

　安倍内閣に続く菅内閣のもとでSDGsへの日本の目標が制定されている。日本の最近のSDGsは、日本人の健康や生命に関わる感染症対策に重点を置いているが、持続不可能な原子力エネルギーからの脱却、貧富の格差の是正、過酷な長時間労働の削減、非正規雇用から正規雇用への転換など日本社会の持続可能性に関わる課題には触れていない[5]。SDGsへの取組は企業規模に関わりなく、社会の発展方向と会社の成長方向が同じベクトルを向くように調整され、会社の経営理念や経営計画に組み込まれなければ、

SDGsの実効性は期待できない。国連のSDGsコンパスという企業の行動指針では、SDGsが企業の成長へのチャンスである、持続可能な企業価値の向上に役立つなど、会社の利益に沿う趣旨の動機づけを行っているが、従来の「利己的な成長」から脱却して「公益本位の成長」への転換を提唱していないことやCSRとの連携を課していない点は改められるべきである[6]。

（2）CSR（Corporate Social Responsibility）

　20世紀末から21世紀初めにかけて台頭した現代CSRは、可視化された企業の倫理的行動の全般的マネジメントである。現代CSRは、2010年に発行したISO26000という組織の社会的責任の規格に理論的に包括、体系化され、7つの中核主題（組織統治、人権、労働慣行、環境、公正な事業慣行、消費者に関する課題、コミュニティ参画および発展）を柱に標準化された。

　ISO26000は、ステークホルダー資本主義やトリプルボトムライン、ESG投資、SRI（社会的責任投資）、GRIスタンダード（Global Reporting Initiativeが取り組んでいるサステナビリティ・レポートの標準化）などのマネジメント手法が理論的、実務的なバックボーンとなっている。アメリカ経営学が永らく信奉してきた株主利益の最大化や競争戦略本位の利己的な経営理論とは異なり、ISO26000には「社会と企業」との共生や共益、公正を重んじる経営思想が反映されている。だが、現行の経営理念や経営哲学、社是、コーポレートポリシーを再考して変革し、本業を中心にどのように倫理的な事業を行うべきかについて、残念ながらISO26000では触れられていない。また、同規格は説明責任を原則にするが、ビジネスの結果責任には触れないガバナンス上の弱点も残しているので、企業や非営利組織でISO26000を導入する際に、上記の弱点を補うためのアレンジが必要であろう。

　しかし、CSRやISO26000を企業や組織（ミクロ）に導入しただけで、モラルある経済活動またはSDGsが求める持続可能な社会に直ちに転換できるわけではない。公共政策や自治体（マクロ）などのCSR政策や社会的規制、社会運動との合理的な連携があって初めて可能になる。CSRの意義と限界を指摘したボーゲル（David Vogel）は次のように指摘している。

「CSRの重要な欠点は企業のより責任ある行動を促すための公共政策の重要な役割を認識できていないことだ」[7]。本稿はこのボーゲルの的確な批判に応えて、マクロとミクロからの実効性あるCSR（SR）的アプローチを試みている。資本主義社会で活動する企業にCSRは全く実践できないとか、CSRで会社内部からの改革は期待できないとCSR優良企業も非CSR企業も同一視し、CSRを「民衆の新型アヘン」と揶揄するなど、資本主義社会におけるCSRの取り組み全般を否定する潮流が一部にある[8]。このような議論に共通する特徴は、新しい理論や手法の長所と短所を見極め批判的に摂取して新しい次元の理論や政策にどう生かすのかという科学的・建設的アプローチに欠けているところにある。もちろん、CSRやSDGsを自社のブランド力に見せかけて株主や顧客、消費者を騙し会社の成長や評価に悪用するCSR偽装企業、SDGs偽装企業もあるだろう。問題なのは、CSRやSDGsというマネジメントの手法に責任があるのではなく、公開された企業情報を正確に読み取って真偽を判断する能力と見識を企業内外のステークホルダーやCSR格付け機関が持つことと、CSR情報を不正に加工したり公表した場合には厳罰に処す法律やルールも設けて社会的な統制の担保措置をもつことである。

(3) CSV（Creating Shared Value）

　CSV（共通価値の創造）という概念は、組織の社会的責任の国際規格（ISO26000）が検討されていた時期に、本業による社会貢献や環境貢献が欠落した規格になることを心配したネッスルというアメリカの飲料メーカーが独自に開発したものである。ISO26000を立案した委員の多くは消費者団体のスタッフであったために営利企業の事業への配慮が不足していたと思われる。CSVの元祖ネッスルの使用許諾を受けたハーバード大学のM.E.Porterは、CSRに対抗しそれに代わるマネジメント手法として、自分たちの論文の中でCSVを公表して一躍有名なマネジメント用語になった[9]。ネッスル社のCSVは、元来CSRを基底にしたもので、CSRから分離されたCSVというポーターの主張は、ネッスル社のCSVの趣旨をねじ曲げるものであることを筆者は過去の論文で次のように指摘した。「CSRのなかでCSV

を実践するなら持続可能な成長へのキーワードになるが、CSRから切り離されたCSVは利益本位で利己的な成長モデルになり、社会的な信用は得られないであろう」[10]。

ポーターのCSV概念の危険性を憂慮した日本のCSR研究の有力な経営実務家グループは「CSRとCSVを考える会」を組織し、2014年、『「CSRとCSVに関する原則」の提言〜ISO26000の視点から〜』を公表している。そこでは、次の4点が確認された[11]。

1. CSRは企業のあらゆる事業活動において不可欠です
2. CSVはCSRの代替とはなりません
3. CSVはCSRを前提に進められるべきです
4. CSVが創り出そうとする「社会的価値」の検証と評価が必要です。

環境や社会に貢献する製品やサービスは、CSV以外にもエコプロダクツ（環境配慮型製品・サービス）、ソーシャルプロダクツ（社会配慮型製品・サービス）、フェアトレード商品、CSRプロダクツなど多様に使い分け、自由に使用されてきたので、CSVという呼称に縛られる理由はない。

（4）SDGs、CSR、CSVの統合的運用

売上高の半分以上が海外にあり、何千人、何万人の従業員を擁する多国籍企業にとって、SDGsの17分野のどれもが事業を進める上で切実な課題になるかもしれないが、日本の圧倒的多数の中小企業は、17分野のどこかで本業を軸に社会貢献する機会を見出し選択するアプローチが求められる。それと同時に、地域社会の雇用の保障や地域経済の発展や自社の展開する市場にどう関わるのか、そこから持続可能な成長方向を切り開き、SDGsの分野との連携を見出すのが通常のパターンである。持続可能な成長を考える際に、SDGs、CSR、CSVという持続可能な発展のキーワードの中でもCSRというマネジメントシステムを確立することが最優先されなければならない。なぜなら、SDGsもCSVも企業の倫理的な事業の取り組みの目標（将来の成果）であって、その目標を有効に実現する仕組み（手段）がCSRであるからだ。CSRというマネジメントシステムなしに、SDGsやCSVを計画的に有効に実現することは困難である。SDGs（CSV）は将来の宝物、

CSRは羅針盤を持った宝船と考えればわかりやすい[12]。

　先に指摘したように営利企業も含めた組織の社会的責任規格である ISO26000には本業における社会貢献という主題が欠落しているので、7つの中核主題に「本業における社会貢献」や「CSRプロダクツ」を加えたり、SDGsの分野から1～2項目を追加して社会的責任目標を立案、実行、点検してPDCAサイクルで計画的に社会的責任目標を実践する。このマネジメントシステムをもつことによって、SDGsやCSVなどを統合的に運用し公正な成長への羅針盤を持つCSR優良企業への盤石な基礎がつくられる。CSRというマネジメントシステムを持つ企業は、SDGsの目標の中にCSRの目標との共通点や重複する分野を見出すであろう。CSR先行企業は、CSR目標と重複しないSDGsの目標を追加することで、合理的にCSRのマネジメントシステムを有利に展開することができる。

　陰徳陽報や先義後利などの日本の伝統的な商業道徳からみると、CSR情報の公開が偽善、自画自賛や売名行為にあたるのではないかという懐疑的な考えも一部の企業に残っているとも聞いている。だが、事実に即して正確なCSR情報を公開することは、働く者や株主、顧客にとって、市民社会の一員である企業の誠実で積極的な姿勢として評価されるのではないか。

3. 石田梅岩の心学で経営理念を強化し日本型CSRを創造する

　20世紀末は市場原理主義や資本のグローバリゼーションが成長のモデルともてはやされたが、21世紀に入ってエンロン事件などの企業不祥事やトップマネジメントによる株式市場の恣意的かつ詐欺的な操作も明るみに出て、アメリカ経営学が主導してきた利己的な経営戦略の限界も明らかになった。「経営戦略へCSRを安易に組み込んでしまうことは、CSRを企業価値の向上や競争優位などの経済的手段に貶めてしまう危険がある」[13]。21世紀は企業のモラルが大きく問われ、地球環境問題をはじめ、世界的な貧富の格差の解消や人権の尊重などに配慮する公正な成長への軌道修正が議論されるようになったのである。SDGsやCSRというマネジメントが注目される背景に、持続不可能な危機的状況から持続可能な社会への軌道修正

が求められており、企業の倫理や社会的責任が大きく問われているからである。

(1)「モラルある資本主義論」

これまでの資本主義のあり方を問う有力な潮流の一つに、「モラル資本主義」（moral capitalism、道義的資本主義とも訳されている）がある。1986年に、オランダのフレデリック・フィリップス（元フィリップス社社長）とフランスのオリビエ・ジスカールデスタン（元ヨーロッパ大学院副理事長）が発起人となって、経済と社会との健全な関係をめざして討議、研究、啓発する団体をスイスのCaux（コー）に創設した。経済人コー円卓会議（Caux Round Table；CRT）と呼んでいる。1994年、同団体は、企業の社会的責任（CSR）を取り入れて日米欧の民間の経済人が共同研究の成果である「企業の行動指針」を採択した。このCRTのグローバル・エクゼクティブ・ディレクターであるスティーブン・ヤングが『CSR経営；モラルキャピタリズム〜グローバル時代の資本主義のあり方〜』という著作を著している[14]。その著作には「日本人のビジネス価値観」という一節があり、日本の江戸時代中期に商人道を説いた石田梅岩の哲学が紹介され、その商業道徳観がCRTの企業の行動指針と合致していると高評されている。

(2) 石田梅岩の商人道

石田梅岩は、京都府亀岡（現在地名）の出身で、京都の商家で奉公しながら独学で儒教や神道、仏教を学び、小栗了雲という在家の仏教者に師事したのちに独自の哲学を確立した。43歳で商家勤めをやめ、一念発起して、身分や男女の差別なく無料の哲学の講義をおこなっている。それまでの官製の学問や寺子屋では満たされない人の生き方や世界観が学べると評判になり、石田梅岩の心学（梅岩死後は石門心学という）と称された。幕藩体制の学問に仕える朱子学者からの批判にも応え、武士の道、町人の生き方など多方面からの質問も受け入れて答えたとされている。10年間の心学講義を集大成した『都鄙問答』や『倹約斉家論』を著している。

石田梅岩は、儒教思想を中心に、武士であれ、町人であれ、人として世

界をどう見るか、どう生きるかという価値観を考察し、人としての正しい考え方や生き方を説いた。なかでも商人道を説いた次の一節は、現代の経営にもつながるビジネスの本質を突いている。「世間のありさまを見れば、商人のように見えて盗人あり。真（まこと）の商人は先も立ち、我も立つことを思ふなり。紛れ者は人をだまして其の座をすます」[15]。「先も立ち」とは、通常、得意先の利益をイメージするが、現代に置き換えれば、得意先だけでなく消費者や地域社会への配慮、自然環境の保全も含まれるであろう。「我も立つ」というフレーズが最初にはなく、「先も立ち」の後方に位置づけられていることに注目したい。「立つ」という言葉には単なる利益の実現だけでなく、その取引先の家族や地域社会の幸福をもたらすことも含まれる。このような商人をめぐる弁証法的な経営思想は、欧米の経営学やテキストにも見当たらず、石田梅岩の経営哲学の真骨頂である。もちろん、産業資本主義が社会体制となる明治期以降の資本とは企業規模がはるかに小さく、家父長的な人的結合の深い経営が主体の商業資本を念頭においた商人道ではあるが、ビジネスの倫理的な考えの礎を先駆的に築いたことは疑いない。

　経営の目的は、自社が開発したり生産した物やサービス（富）を人々に適正な価格で販売し、人としての生活に潤いや健康の増進を図ることにあると述べている。「商人は勘定委（くわ）しくして、今日の渡世を致す者なれば、一銭軽きと云うべきに非ず。是を重ねて富をなすは商人の道なり。富の主人（あるじ）は天下の人々なり。主（あるじ）の心も我が心と同じゆえに、我一銭を惜しむ心を推して、売り物に念を入れ少しも粗相をせずして売り渡さば、買う人の心も初めは金銀惜しと思えども、代物（しろもの）の能（よさ）を以ってその惜しむ心自ずから止むべし」[16]。

　金儲けを第一義に考える悪徳商法は、商品を手段として考えるが、それは間違いで、その完成した商品を受け取った顧客の満足が得られることで富が人々に行き渡る、そこにビジネスの第一の目的（責任ある富の分配と消費）があり、そのあとで、お金と信用がともに得られて、我の商売も成り立つと述べている。富の主人は経営者とは言わず我が社の商品を購入していただく人々であると断じている。富はお金そのものではなく我が社の

商品を消費して満足していただくことにある。貨幣崇拝に陥っている現代経営者は肝に銘じるべきである。ビジネスの王道といえる。

「商人の道を知らざる者は、貪ることを勉めて家を滅ぼす」[17]。武士に道があるように、商人にも道があり、富を天下に流通させ、正直・誠実な経営こそ繁栄できる、利己本位に走ると経営破綻する、と説いた。

「たとひ主人たりとも非を理に曲ぐることあらば少しも用捨致さず」[18]。主人の心の奢（おご）りにより、意見を述べても変わらず酒色にふけったり独裁的で素行が改まらない場合には、手代全員が集まり、相談の上、隠居をさせわずかなあてがい扶持にするなど厳格に対処せよと述べている。先行していた一部の近江商人などの商家の家訓・家法も踏まえているが、この石田梅岩の商人道が契機になって、日本の老舗や長寿企業の家訓・家法が普及したといわれている。経営者の独裁や会社の私物化が問題視されている現代のコーポレートガバナンスのあり方を考える上で示唆的であり、大いに参考にして現代に応用すべきである。

「利欲というは、道なくして金銀財宝を増やすことを好むより、心が闇（くら）くして成りて、金銀が上にも溜めたく思い、種々の謀（はかりごと）をなし、世の苦しみをかえりみず…」という一節は、現代の政治と経済の利権を求める一部の政治家や実業家の癒着した醜態そのものではないか。商人には商道（商人道）があるように、政治家には政道があるはずである[19]。その倫理の基準を創造して実効性ある提案を行うことは、石田梅岩の心学の趣旨に叶う現代的アプローチと思われる。

「物を施すは禮を受くる為にはあらず」[20]。困っている人に物やサービスを施すことは返礼を期待するためではなく、人民が一人でも健康になり命が助かれば、自分も幸福になるという「自利」と「利他」の好ましい関係を説明している。現代のボランティア活動や寄付行為にも当てはまり、SDGsの精神にも通じる。仏教の善行を定めた六波羅蜜の最初に記されている「布施」にも通じるこの言葉は、石田梅岩が述べたものではない。都鄙問答の「或る人主人行状の是非を問うの段」で、主人に仕えるある者が、日常的に質素に倹約して無駄なお金を使わない吝（けち）な店主が出入りの業者や労働者には多くのお米を施していること、そのような店主の行為に誰も礼

を言ってこないし、やり損ではないかと店主に問うた時に、店主が返答したときの言葉である。石田梅岩は、その店主の言行を聖人のごとく高く評価し、誰もがそのように在りたいものだと称賛した。石田梅岩とその店主の考えに共通する人間観としてここに紹介しておく。

(3) 石田梅岩の心学の意義と限界

石田梅岩の心学、とりわけ商人道を学び、ビジネスの奥深い倫理的な価値観で善悪を判断し会社の成長を考えるなら、SDGsやCSRに主体的に取り組むことは必然の帰結となる。現行の経営理念やポリシーが時代の要請に応え得るものかどうかを自己点検せざるをえないだろう。会社の提供する製品やサービスが、最終的に人々の生活や心を豊かにするかどうか、そのプロセスで協力関係にある利害関係者の支援や働きに応えられる利益を提供できるかどうかを時間をかけて議論し、全従業員の知恵や創意も引き出しつつ、持続可能な経営理念やポリシーを作成する作業に取り組むべきである。

SDGsやCSRに取り組むことは、これまでの事業の単なる延長や外国から輸入された専門用語の受け売りではなく、持続可能な新しいビジョンを創造する作業に挑戦することである。その際に、石田梅岩の心学は、経営理念や経営哲学の再構築へのヒントになるだろう。

滋賀大学名誉教授の小倉栄一郎氏が1988年に自著の中で提唱した「三方よし」（売り手よし、買い手よし、世間よし）が日本のCSRの源流とみなす考えが一部にある。「三方よし」が近江商人の優れた商人道を反映したものだが、近江商人の活躍していた江戸時代から使用されていたという実績が証明されていないこと、真っ先に売り手（自己）の利益を優先した順序づけは倫理的に正しくない。江戸時代中期に提唱された石田梅岩の「先も立ち、我も立つ」という商人道は、取引先や顧客の商品に対する満足度や人々への冨の実現を優先し、その後に、売り手の利益が実現するというモラルある商業哲学を確立した。ビジネスによる富の責任ある分配と消費、持続可能な成長と倫理的なビジネスの本質を極めた石田梅岩の心学は日本型CSRの根幹に位置づけられるにふさわしい商人道といえる[21]。

現代の経営環境は、江戸時代とは異なり、地球温暖化や世界的感染症、原発事故の脅威などグローバルな問題が山積しており、個別企業の取組みだけでは対応できない課題も多い。農業を主な生産力とする封建社会で初期商業資本が台頭し、家父長的経営が支配的な時代の商人道という制約をもっていること、社会体制の変革への視点が希薄であること、現代の民主主義社会では通用しない身分差別を是認している弱点もあるが、上記のカテゴリーに見られる石田梅岩の商人道は現代社会にも創造的に応用できる[22]。富の主人である人々の生活を豊かにする目的を持った経営（ミクロ）をサポートする国の政策や制度（マクロ）も心学の精神で本領を発揮するように活性化されるなら、持続可能な社会への道筋が見えてくるだろう。

（4）日本型CSRとミクロの経営再構築

SDGsやCSR、石田梅岩の心学を会社経営の組織に応用して実効性のある日本型CSRを創りあげるミクロ（個別企業や組織）の方法を2つ紹介する。

第1は、SDGs－CSRを実践するための経営理念の再構築と経営目標の分野の特定である。SDGsとCSR（とくにISO26000）の項目から選択した10項目を事例として以下に掲げる。各項目の隣にある点数は、架空の企業の自己評価の達成度の数値（100点満点）であり、その自己評価結果からどの分野を重点に改善すべきかを判断する素材を提供している。

①経営理念・経営計画（70点）
SDGとCSRにも対応する会社の理念と実行計画などの整備状況と組織全体への周知度。
②組織統治（ガバナンス）（60点）
会社の独善的な運営や不祥事、反社会的行動を予防する仕組み。
③人権・労働慣行（70点）
差別をなくし社会的弱者への適切な配慮（Due Delligence）がなされすべての人への基本的人権を尊重する制度がある。労働者の採用および昇進、苦情対応制度、労働者の異動および配置転換、雇用の終了、訓練およびス

キル開発、安全衛生、労働者組織の承認、団体交渉、社会対話などの制度が機能している。

④環境（80点）

汚染の予防、持続可能な資源の利用、気候変動の緩和及び気候変動への適応、環境保護、生物多様性、および自然生息地の回復などの課題に科学的な方針をもち環境負荷を改善する。

⑤公正な事業慣行（70点）

他の組織との取引等において、汚職防止、責任ある政治的関与、公正な競争が行われるように倫理的な行動基準の遵守状況をチェックする。

⑥地域・社会（コミュニティへの参画）（80点）

組織が所在する地域への社会貢献活動、コミュニティーへの参画、教育および文化、雇用創出および技能開発、技術開発および最新技術の導入、富および所得の創出、健康、社会的投資。

⑦消費者課題（65点）

消費者への教育および正確な情報の提供、公正・透明・有用なマーケティング情報、持続可能な消費の促進、社会的弱者向けの製品・サービスのデザインなどの課題。

⑧SDGs（70点）

国連の持続可能な開発目標の17分野から1〜2分野を選択して計画目標を追加する。

⑨CSRプロダクツ（55点）

本業における環境・社会配慮型製品・サービスを開発し、売上に占める比率を100％に近づける目標を持ち、その達成度を測る。

⑩収益性・生産性（75点）

利益や利益率、労働者一人あたりの売上、労働者一人あたりの売上の改善状況などから財務実績の健全性と経営効率のレベルを測る。

この自己診断チャートでは、ガバナンスとCSRプロダクツの達成度が低く、今後、この2つの分野を軸に改善計画が課されるであろう。SDGs-CSRの一体的経営も科学的管理の対象としてマネジメントシステムに組み込め

図1　持続可能な自己診断チャート

出所：筆者作成

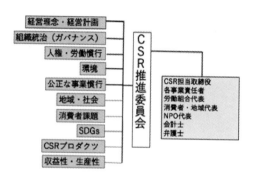

図2　CSR推進委員会の構成

出所：筆者作成

ば、PDCAサイクルがまわりだし、会社や組織の持続可能な成長と発展が
可能になる。図1の持続可能な自己診断チャートの評価項目を多少変更す
れば、国家公務員の上級役員への忖度や政治家との癒着で公正な意思決定
や政策立案に疑念が生まれている政府機関や自治体にも適用できる。

　第2は、CSR推進委員会（仮称）の設置である（図2）。CSRを推進する
委員会には、各事業所の代表、労働組合の代表など多様なステークホル
ダーで構成され自由な議論が保証される。CSR推進ガイドラインを元に会

社全体のCSRをすすめ、CSRレポートの作成と公表に責任を持つ。また、企業の不祥事などで環境生態系や地域住民に重大な被害を与えた場合には、原状回復措置や損害賠償を含め会社経営者が結果責任を果たすこともCSRレポートやCSR推進ガイドラインに記す。

4. 現代CSRを支援するマクロの社会的制度をデザインする

CSRを推進するマクロとミクロの推進要因が連携して持続可能な社会づくりへの制度的基礎となることを次に説明する。

（1）持続可能な資本とは何か

持続可能な社会の担い手である資本とはどのようなものか、それはこれまでの資本主義社会の資本とどのように異なるのかを考察する。

①持続可能な3つの価値

マルクスが『資本論』で取り上げた資本の価値は財務的価値から構成され、非財務的価値という概念はなかった。ところが、21世紀の現代では、持続不可能でグローバルな環境的・社会的危機が深まるにつれ、この非財務的価値のウェイトが年々高まっている。非財務的価値とは自然価値と社会価値からなり、商品として交換されるよりも人間の生存条件として維持されたり改良されることによって価値が高まり、逆にダメージを受けると価値が低下する。可視化できない文化や価値観も含まれる（図3）。

自然価値（N；Natural Value）はある企業が自然環境を改善したり保全するためのCSR目標の達成度で表される。温暖化対策の目標達成度やゼロエミッション（廃棄物ゼロ）の達成率、自然から原材料を調達した後の修復や保全措置、廃棄物のリサイクル率、再生可能エネルギーへの転換、大気・河川汚染物質の排出削減実績、環境NPOや消費者団体と連携して取り組んだ環境配慮型製品・サービス（エコプロダクツ）の実績などが相当する。社会価値（S; Social Value）は、社会環境を改善するためのCSR目標の達成度の大きさである。社員の健康や人権への配慮、正規雇用の保証、性や人種で差別せず多様性を受け入れるダイバーシティ（diversity）の達

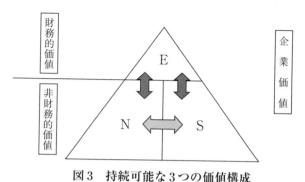

図3　持続可能な3つの価値構成

出所：筆者作成

成度、障害者雇用率、残業の短縮または残業ゼロの実績、地域社会との連携実績、商品の売り上げ実績の一部を被災地域や社会福祉団体への寄付に充てるなどの社会貢献の側面を持つ社会配慮型製品・サービス（ソーシャルプロダクツ）の実績などが相当する。

　自然価値（N）も社会価値（S）も隣り合わせの台形で、企業価値の土台を形づくり、NとSの確固たる基盤の上ではじめて経済価値（E；Economic Value）が実現するという関係を示している。EがNとSを前提にして成立しEのN、Sへの依存関係が一目瞭然である。Eが上位にあるから優れているのではなくNとSに支えられて初めて経済的収益が生まれる関係を示しており、その逆ではない。自然と社会（人々）に富の源泉があり、貨幣は富の拡大への仲立ちをしているに過ぎない。NとS間にある右向きの矢印は、原材料、食料資源、エネルギーの調達などで、左向きは環境保護や環境改善のための人的活動で、双方向の関係は人と自然との間の物やエネルギーの物質代謝をあらわす。Nに重点をおくかSに重点をおくかの相違で、N＞SあるいはN＜Sのケースでは、中央のタテ線を左右にずらせば、環境貢献型重視の企業か社会貢献型重視の企業かが判別できる。上下の矢印は、利益を含む経済的価値の発生と利益の還元を示す。

　CSR優良企業は、原理的にはNとSの基盤の拡大を優先させ（利他）、その後にEの拡大を実現する（自利）ので、持続可能な質の高い成長が期待できる。

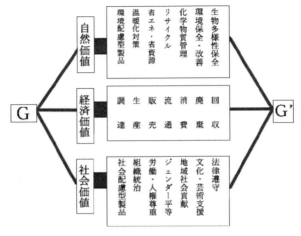

図4　持続可能な資本の公式

出所：K.マルクスの「資本論」第1巻資本の生産過程に記されている
「資本の一般的公式」を元に、筆者が加工・作成した。

②持続可能な資本の公式

　つぎに、この3つの価値を時間軸で見た場合、資本の成長とどのように関連するのかを図解した。マルクスが資本論第1巻資本の生産過程で使用した資本の一般的公式を参考に、持続可能な資本の公式として筆者が作成した[23]。Gは、ドイツ語の貨幣（Geld）の略称で、G'はG＋g（増殖した価値、元の価値＋利潤）の意味である。最初の元手であるGを3つの価値に投下しているが、自然価値と社会価値を損なうことなく経済価値の成長をサポートしている関係がわかる。経済成長の牽引役は主に環境配慮型製品・サービスと社会配慮型製品・サービス（両製品をCSRプロダクツと総称する）が担っている。図4では、スペースの事情からCSRプロダクツにサービスが含まれていないことを断っておきたい。経済価値はほぼ時間の流れとともに左から右へ動くのに対し、自然価値と社会価値は、分業化された組織のなかで同時に展開される違いはあるが、SDGs-CSR目標が実現する段階では経済的収益とともに実現することを可視化した。

　この持続可能な資本の公式から、現代の資本主義社会がもたらしている

自然環境や社会環境への負荷（否定的影響）が削減され、本業における社会貢献、環境貢献も担保されていることがわかる。持続可能な資本が持続不可能な資本との競合やブランド力の力関係で社会的に多数派を占めるようにマクロの制度的サポートのあり方をつぎに提案したい。

(2) CSRを支援する社会的制度をデザインする

日本型CSRを特徴づけるミクロの取組についてこれまで考察してきたが、最後にマクロの側からのCSRサポート体制を3点提案する。

①全ての組織にISO26000を導入する

すべての組織の倫理的な基準は、2010年に発行したISO26000に示されている。ISO26000という組織の社会的責任（SR）の国際規格は、第3者からの認証を目的にしていないが、公共政策の一部として利用したりあるいはより厳しい具体的な国家規格を作成することも認めている。難解な法律用語が多用されているので、誰でも読みやすくわかりやすい文章に直して、CSR（SR）推進ガイドラインやパンフレットに反映して中小企業や全官公庁、自治体に無償で配布し、全事業所が倫理的な経営に取り組むことを国策とする。このマネジメントシステムの導入なしに、SDGsに効果的に取組み、持続可能な社会を建設するなどは絵空事である。ISO26000は社会的責任と持続可能な社会との関係性を次のように説明している。「社会的責任は組織に焦点を合わせたもので社会および環境に対する組織の責任に関わるものである。……組織の社会的責任の包括的な目的は持続可能な発展に貢献するものであるべきである」[24]。

②社会的責任推進省と社会的責任推進基本法の制定

国の行政機構に「社会的責任」を推進する行政組織「社会的責任推進省」（仮称）を置き、持続可能な社会づくりのロードマップづくりや横断的な省庁間の調整、社会的責任推進マニュアルづくりを行う。また、社会的責任推進のための法律（「社会的責任推進基本法」仮称）を制定して、社会的責任目標の設定、実施、点検、CSR（SR）情報の公開をすべての組織に奨励する。大企業にはCSRレポートの作成と公開を義務づける。民間企業や非営利組織（各省庁や自治体も含む）の責任ある事業に対する適切な指導と

助言、調査、表彰事業、シンポジウムや講演活動もおこなう。中小企業に対する学習や啓発支援に注力するとともに、CSR（SR）に関する理論研究・政策の立案、情報収集、CSR優良企業表彰などを定期的に行うシンクタンク（J.AKINDO）も設置して、日本型CSRと持続可能な成長モデルの理論構築や政策提案などの創造的アプローチを行う。

　③ESG投資、SDGs－CSRの連動化へ

　E（環境）S（社会）G（企業統治）の3つの側面から倫理的な実績を上げている企業に3840兆円（2020年）を超える投資が行われ、全世界の運用資産の約3分の1がESG投資に向けられている。ESGはCSRのマネジメントの範囲、SDGsの範囲をカバーしているので、ESG優良企業はほぼCSR優良企業と同義とみなされる。温暖化に起因する気象災害の増加により莫大な保険金支払いで経営リスクを抱えている事情もあるが、非CSR企業よりもCSR優良企業に投資、融資を拡大して社会的責任をはたし、金融機関として信用を得ようと努力することは当然である。金融業界はクリーンな企業（CSR優良企業）に投融資をしたのちにクリーンなお金が利子や配当となって返ってくる。CSR推進企業は潤沢な資金を受けてさらにCSRプロダクツなどを開発し環境と社会の維持や改善、再生に役立つ事業を行ってクリーンな利益をもたらす。CSRとSRI（Socially Responsible Investment;社会的責任投資、ESGとほぼ同義）は車の両輪の関係になって持続可能な社会に進むことができる。両者を動かす共通のエンジンはCSRという倫理的なマネジメントであり、クリーンなお金はそのエネルギーになる。ESG投資対象の企業の株価が一般企業の株価よりも高く、長期的な成長性、安定性も優れていることは統計的にも実証されている[25]。

注
　1）　Donella H.Meadows, Dennis L.Meadows, Jorgen Randers, William W.Behrens Ⅲ（1972）*The Limits to Growth: A Report of THE CLUB OF ROME's Project on the Predicament of Mankind.* 大来佐武郎監訳『成長の限界』ダイヤモンド社、参照。
　2）　同訳、60頁。
　3）　The World Commission on Environment and Development（1987）*Our Common Future*, p.8.

4）　＜ https://wired.jp/2016/07/05/ozone-layer-healing/ ＞2020年8月10日取得。

5）　SDGsアクションプラン
　　＜ https://www.mofa.go.jp/mofaj/gaiko/oda/sdgs/pdf/SDGs_Action_Plan_2021.pdf ＞
　　2021年2月1日取得。

6）　United Nations Global Compact「SDGs企業行動指針」
　　＜ https://sdgcompass.org/wpcontent/uploads/2016/04/SDG_Compass_Japanese.pdf ＞
　　2020年8月20日取得。

7）　David Vogel（2005）*The Market for Virtue; The Potential and Limits of Corporate Social Responsibility*, xiii.

8）　Peter Fleming & Marc T.Jones（2013）*The End of Corporate Social Responsibility: Crisis & Critique*, 2013. 百田義治監訳『CSRの終焉』中央経済社、斎藤幸平（2020）『人新世の資本論』集英社、参照。

9）　Michael E.Porter and Mark R.Kramer（January-February 2011）Creating Shared Value, *Harvard Business Review*.

10）　足立辰雄（2018）「ポーターCSV概念の批判的考察」『立命館経営学』第56巻第6号、120頁。

11）　関正雄（2018）『SDGs経営の時代に求められるCSRとは何か』第一法規、86頁。

12）　「CSRは、七福神の乗る宝船のように公正な繁栄をもたらす運搬手段の役割を持つマネジメントです」足立辰雄他共著（2017）『マンガでやさしくわかるCSR』JMAM、5頁。

13）　足立辰雄・井上千一編著『CSR経営の理論と実際』中央経済社、2009年、12頁。日本に西欧のCSRを先駆的に導入した谷本寛治氏は、「CSRを企業理念とし経営戦略に位置づける」としているが、経営戦略の持つ持続不可能性のリスクや優勝劣敗の反CSR的本質を見落としている。谷本寛治編著（2003）『SRI社会的責任投資入門』日本経済新聞社、303頁。

14）　Stephen Young（2003）*Moral Capitalism.* 大来佐武郎訳『CSR経営；モラルキャピタリズム』生産性出版。

15）　石田梅岩（2016）『都鄙問答』岩波文庫、65頁。

16）　石田梅岩、同上、26頁。

17）　石田梅岩、同上、57頁。

18）　柴田実編集（1947）「石田先生語録巻1」『石田梅岩全集上巻』清文堂、270〜271頁。

19）　石田梅岩『都鄙問答』岩波文庫、217頁。

20）　石田梅岩、同上、111〜112頁。

21）　小倉栄一郎（1988）『近江商人の経営』サンブライト出版、54頁。心学研究者である清水正博氏の「三方よし」への的確な批評は、次の文献を参照されたい。

足立辰雄・清水正博編著（2021）『SDGs と CSR がひらく未来〜石田梅岩の心学でフェアな成長を〜』晃洋書房、60頁。

22）　柴田実氏は、石田梅岩の学問的手法を「断章取義的」と述べて、自分の所見を述べるために文献への主観的な解釈を行い、独断や偏見をもたらしかねない危うさがあることを鋭く指摘している。柴田実（2012）『石田梅岩』吉川弘文館、64〜72頁。

23）　K.Marx, *Das Kapital*, Erster Band, Dietz Verlag Berlin, S.134-142. マルクス『資本論』第1巻第1分冊、大月書店、1970年版、191〜203頁。

24）　International Standard（2010）*ISO26000, Guidance on Social Responsibility*, p.9.

25）　GPIF『2018年ESG活動報告』32頁。

参考文献

David Vogel（2005）*The Market for Virtue; The Potential and Limits of Corporate Social Responsibility.*

Donella H.Meadows, Dennis L.Meadows, Jorgen Randers, William W.Behrens Ⅲ（1972）*The Limits to Growth: A Report of THE CLUB OF ROME's Project on the Predicament of Mankind.* 大来佐武郎監訳、『成長の限界』ダイヤモンド社。

International Standard（2010）*ISO26000, Guidance on Social Responsibility.*

K.Marx（1867）*Das Kapital*, Erster Band, Dietz Verlag Berlin, 邦訳『資本論』第1巻第1分冊、大月書店。

Peter Fleming & Marc T.Jones（2013）*The End of Corporate Social Responsibility: Crisis & Critique.* 百田義治監訳『CSR の終焉』中央経済社、2019年。

Stephen Young（2003）*Moral Capitalism*, 大来佐武郎訳『CSR 経営；モラルキャピタリズム』生産性出版。

The World Commission on Environment and Development（1987）*Our Common Future.*

足立辰雄・井上千一編著（2009）『CSR 経営の理論と実際』中央経済社。

足立辰雄他共著（2017）『マンガでやさしくわかる CSR』JMAM。

足立辰雄（2018）「ポーター CSV 概念の批判的考察」『立命館経営学』第56巻第6号。

足立辰雄・清水正博編著（2021）『SDGs と CSR がひらく未来〜石田梅岩の心学でフェアな成長を〜』晃洋書房。

石田梅岩（2016）『都鄙問答』岩波文庫。

小倉栄一郎（1988）『近江商人の経営』サンブライト出版。

柴田実編（1947）『石田梅岩全集上巻』清文堂。

関正雄（2018）『SDGs 経営の時代に求められる CSR とは何か』第一法規。

（あだち　たつお／CSR コンサルタント）

論文

三菱重工における脱炭素化への「方針転換」の遅れとその要因
——日本政府のエネルギー政策とその変容を踏まえて——

新 井 利 英

1. はじめに

　近年、持続可能な社会が目指される中で、電力供給体制の見直しが図られている。2015年に採択された「パリ協定」、「ESG（Environment Social Governance）投資」への注目などの影響も相まって、風力発電や太陽光発電などの再エネを利用した発電市場の台頭が顕著となると同時に、世界の電力供給の中心であった火力発電市場が縮小している。

　こうした電力市場の変化を受けて、自国のみならずグローバルに火力発電プラント機器、とりわけガスタービンを軸に発電プラント事業を展開してきたGeneral Electric Company（以下、GE）、Siemens AG（以下、シーメンス）、三菱重工業株式会社（以下、三菱重工）は、同事業における戦略の転換を迫られることとなった。

　2017年末、GEでは電力部門で1万2000人を削減、シーメンスでも火力発電機事業などで6900人を削減すると発表した。また、2019年5月には、シーメンスがガス・電力部門を2020年9月に分離して上場させる方針を発表し、発電機事業から事実上の撤退を表明した。

　しかし、その一方で、三菱重工は2018年5月、2021年以降に国内外合わせて人員の3割削減を発表したものの、翌年12月に日立が持つ三菱日立パワーシステムズ株式会社の35％分の株式を譲り受け、同社を完全子会社化すると発表した[1]。GEとシーメンスとは異なり、火力発電事業推進の方針をとったのである。2020年10月になってようやく事業戦略の転換を表明し

たが、GEとシーメンスに比べると事業の転換が遅れたように思われる。

　なぜ三菱重工の事業転換がGEやシーメンスから遅れることになったのだろうか。本稿では、三菱重工の再エネ転換が遅れた要因を火力発電プラント業界における外部環境の分析から明らかにする。本稿の結論を先取りするならば、日本政府の国内外での石炭火力発電維持政策が、三菱重工の事業転換の遅れに影響したということである。

　本稿では、以下の順序で叙述する。まず、GE、シーメンス、三菱重工という火力発電プラントメーカー3社の競合関係を分析し、GE、シーメンスが先駆けて火力発電事業の縮小または撤退の方針に転換する一方で、三菱重工が従来の方針を転換しなかった直接的要因を明らかにする。次に、脱炭素化をめぐる世界的潮流を整理した上で、日本が世界と逆行して石炭火力発電維持政策を保持し続けてきたことを明らかにする。最後に、これまで石炭火力発電維持政策を保持してきた日本政府も三菱重工も、国際世論や国内外の金融機関の動向から、「方針転換」を図らざるをえなくなったことを明らかにする。

2. 火力発電プラントメーカー間の競合関係

　本節では、GE、シーメンス、三菱重工という火力発電プラントメーカー3社の競合関係を分析し、各社がこれまでどのような戦略を展開してきたのかを整理する。その上で、3社の事業構成を検討し、GE、シーメンスが先駆けて火力発電事業の縮小または撤退の方針に転換する一方で、三菱重工が従来の方針を転換しなかった直接的要因を明らかにする。

(1) 主要なプレイヤーとGE、シーメンス、三菱重工の事業戦略
　火力発電プラントメーカーの主要なプレイヤーと火力発電プラント機器は図1のようになっている。火力発電プラントは、大別すると石炭火力発電（汽力発電）と天然ガス火力発電（GTCC：Gas Turbine Combined Cycle）に分けられる[2]。

　汽力発電は主に、発電機、蒸気タービン、ボイラーから構成されている。

	石炭火力発電（汽力発電）			天然ガス火力発電（GTCC）			
	ボイラー	蒸気タービン	発電機	排熱回収ボイラー	蒸気タービン	発電機	ガスタービン
GE（米国）					○	○	○
シーメンス（ドイツ）		○			○	○	○
三菱重工（日本）	○	○	○（三菱電機）	○	○	○（三菱電機）	○
東芝（日本）		○			○	○	
IHI（日本）	○			○			
Babcock&Wilcox（米国）	○			○			
上海電気（中国）	○	○	○	○	○	○	
ハルビン電気（中国）	○	○	○	○	○	○	
BHEL（インド）	○	○	○	○	○	○	

図1　主要なプレイヤーと火力発電プラント機器

出所：大野（2012）を参考に筆者作成。

石炭、石油、天然ガスといった化石燃料を燃焼させて蒸気を発生させ、その蒸気の力で蒸気タービンを回転させて発電をする方法である。なお原子力発電の場合も、動力源は異なるものの、蒸気タービンを回転させて発電するという意味で広義の汽力発電に含めることができる。

　他方で、GTCCは汽力発電にガスタービンを組み合わせた発電方法である。GTCCは主に、発電機、ガスタービン、蒸気タービン、排熱回収ボイラーから構成されており、ガスタービンで発電を行うとともに、ガスタービンの排気を用いた排熱回収ボイラーで蒸気を発生させ、蒸気タービンでも発電する方法である。二段階で発電を行うため、単純な汽力発電よりも熱効率が良く、より少ない燃料で発電できるのが特徴である。

　石炭火力発電の領域では、上海電気、ハルビン電気、BHELといった中国やインドの新興国メーカーの台頭で、ボイラー、蒸気タービン、発電機を手掛けるプレイヤーが増加してきている。石炭火力発電は、プラントに使われるボイラーの蒸気圧力と蒸気温度の条件によって亜臨界圧、超臨界圧、超々臨界圧の三つに分けられ、超々臨界圧以上の石炭火力発電が「高効率」とされている。超々臨界圧は先進国メーカーにしか手掛けられな

かったが、最近では、中国メーカーも参入してきており、日米欧の先進国メーカーは後退を余儀なくされている[3]。なお近年、より「高効率」な石炭火力発電として、石炭をガス化した上で、GTCCと同様にガスタービンと蒸気タービンとの二段階で発電を行う石炭ガス化複合発電（IGCC：Integrated Gasification Combined Cycle）設備が実用化しているが、単位発電量当たりのCO_2排出量はGTCCの約2倍である[4]。したがって、脱炭素化に向けた取り組みが拡大するもとでは、石炭火力発電そのものに対する批判の声が高まっている。

　天然ガス火力発電の領域では、GEとシーメンスは、特にガスタービンを軸に天然ガス火力発電分野に注力する戦略を展開してきた。一方、三菱重工は、GEとシーメンスと同じようにガスタービンも手掛けるが、特定の機器に特化するのではなく、主要機器全てを供給できる体制を整え、発電プラント全体を一貫して手掛けられる総合力を競争力の源泉としてきた[5]。また、三菱重工は、天然ガス火力発電だけではなく、石炭火力発電にも対応できる体制を整えてきた。

（2）ガスタービンメーカー3社のガスタービン技術と市場の棲み分け

　天然ガス火力発電の主要機器であるガスタービンは、GE、シーメンス、三菱重工の3社による寡占状態となっており、石炭火力発電のような新興国メーカーの進出はほとんど見られない。主要機器であるガスタービンには研究開発に莫大な時間と費用がかかるため、後発メーカーが参入するには難しい部門だからである[6]。

　しかし、表1が示す通り、GE、シーメンス、三菱重工のガスタービン市場全体のシェアは大きな開きがある。GEは45％、シーメンスは33％、三菱重工は15％であり、1位のGEと3位の三菱重工との間には3倍もの開きがあるのである。

　その一方で、ガスタービンのシェアを容量別でみると、各社の得意としている容量が異なる。GEは全体的に高いシェアを有しているが、とりわけ小型から中型のシェアが高い。シーメンスも全体的に高いシェアを有するが、比較的120～200未満の中型と200～300MW未満の大型を得意として

表1　ガスタービンのメーカー別シェア：容量別（2011 ～ 2015 年）

	小型ガスタービン	中型ガスタービン		大型ガスタービン		合計 （320,063MW）
	60MW未満 （63,487MW）	60 − 120MW未満 （20,869MW）	120 − 200MW未満 （58,606MW）	200 − 300MW未満 （119,340MW）	300MW以上 （57,812MW）	
GE	51.4%	78.3%	50.6%	46.1%	18.8%	45%
シーメンス	24.2%	17.9%	35.8%	43.6%	23.4%	33%
三菱重工	7.0%	3.1%	2.0%	7.5%	54.5%	15%
その他	17.4%	0.7%	11.6%	2.7%	3.2%	7%

出所：三菱総合研究所（2016）より作成。

表2　GE、シーメンス、三菱重工の火力発電プラント受注件数（2010 ～ 2014 年）

	GE		シーメンス		三菱重工		合計	
アジア	13	38%	8	24%	13	38%	34	100%
中東	17	71%	6	25%	1	4%	24	100%
欧州	8	47%	6	35%	3	18%	17	100%
北米	1	13%	5	63%	2	25%	8	100%
中南米	4	57%	3	43%	0	0%	7	100%
アフリカ	2	50%	1	25%	1	25%	4	100%
大洋州	0	0%	0	0%	1	100%	1	100%
合計	45		29		19		93	

出所：『プラント輸出データ便覧』各年度版、三菱重工のニュースリリースより
　　作成。

いる。これに対して、三菱重工はガスタービン市場全体のシェアでは3位であるが、300MW以上の大型に限ればトップのシェアを有する。

　各社が容量別で得意とするガスタービンが異なると同時に、各社の得意とする市場も異なっている。表2を見ると、GEは中東と欧州、シーメンスは欧州とアジア、三菱重工はアジアでの受注が多くなっていることがわかる。つまり、ガスタービンメーカー3社は、各社が得意とするガスタービ

ン技術と市場を持ちながら、ある種の棲み分けを行ってきたといえる。

(3) 3社の事業構成と見通し

　以上のように、GE、シーメンス、三菱重工は他のメーカーが参入できていないガスタービン、天然ガス火力発電事業に注力し、各々が得意とするガスタービン技術と市場を形成することで業績をあげてきた。

　ところが、表3が示す通り、GEとシーメンスの火力発電事業を担ってきた「Power」部門と「Power and Gas」部門は、2018年から業績が悪化している。両社が得意としてきた中東、欧州で受注した案件がキャンセルされるなど市場が縮小したことが原因である。そして、各国で電力供給体制の見直しが図られる中で、GE、シーメンスでは火力発電事業の縮小または撤退の方針へと転じた。シーメンスは今後、事業の柱を「デジタル産業」カンパニーと「スマートインフラストラクチャー」カンパニー（電力グリッド機器）にする方針を鮮明にしている。

　その一方で、三菱重工はアジア市場を得意としてきたこともあり、GEとシーメンスの業績が悪化する2018年と2019年においても、三菱重工の発電関連事業を担う「パワー」部門は、業績が悪化していない。それどころか、「パワー」部門は同社の営業利益の大半を占める基幹部門であるため、GEやシーメンスとは異なる対応となっている。2018年にタイで受注した大口のGTCCプロジェクトや、国内市場向けの石炭火力発電の受注が残っており、少なくとも2020年頃までは順調に推移する見込みであった。また、同社は火力発電に対する需要は今後回復するとみており、火力発電プラントの効率化を図りながら同事業の推進を表明してきた。

　なお、表3で示した火力発電プラントメーカー3社の事業部門には、三菱重工だけが、今日まで独立した再エネの事業部門を有していない。GEでは「Renewable Energy」部門、シーメンスでは「Siemens Gamesa Renewable Energy」部門が、独立した再エネの事業部門である。それに対して、三菱重工では、「パワー」部門に火力発電事業や原発事業など他の電力事業と並んで再エネ事業が含まれている。

　このように三菱重工は、独立した再エネの事業部門を有していなかった。

表3　火力発電プラントメーカー3社の部門別営業利益（2017～2019年）

GE (百万ドル)				シーメンス (百万ユーロ)				三菱重工 (億円)		
	2017年	2018年	2019年		2017年	2018年	2019年		2017年	2018年	2019年
Power	1894	▲808	386	Power and Gas (Gas and Power)	1591	377	679	パワー	877	1332	1444
Renewable Energy	728	292	▲666	Energy Management	932	1003		インダストリー&社会基盤	411	708	549
				Building Technologies	784	755					
Aviation	5370	6466	6820	Mobility	743	872		航空・防衛・宇宙	▲636	▲282	▲2088
				Digital Factory	2135	2586					
				Process Industries and Drives	440	518					
Healthcare	3488	3698	3896	Siemens Healthineers	2490	2221		その他	44	392	66
				Siemens Gamesa Renewable Energy	338	483					
Total	11479	9647	10436	Total	9453	8856	8986	合計	582	2149	▲30

出所：各社アニュアルレポートより筆者作成。
注：シーメンスは2019年に事業部門の構成を変更した。そのため、同社の2019年は火力発電事業を含む部門のみ数値を示した。

このことから、後述するような脱炭素化に対する市場からの圧力が増す中にあって、同社が事業組織として柔軟に事業戦略を構築できず、脱炭素化への転換が遅れた理由を窺い知ることが出来る。

3. 脱炭素化をめぐる潮流と日本政府の逆行

　本節では、脱炭素化をめぐる世界的潮流を整理した上で、前節で明らかになった火力発電プラントメーカー3社の主要な市場であるアメリカ、EU、日本、アジア太平洋における2030年の電源構成比の予測が2010年代にどのように推移したのかを検討する。こうした検討を通じて、日本が世界とは逆行して再エネ導入が進まないと同時に石炭火力発電という従来からの発電方式を温存しようとしてきたことが明らかになる。

（1）今日の脱炭素化の潮流
　2010年代の脱炭素化に向けた国際的な動向を整理しておきたい。国際的

な脱炭素化の転換点となったのは、まず2015年12月の「国連気候変動枠組条約締約国会議（COP21）」において採択されて翌年に発行された「パリ協定」であろう[7]。

パリ協定では、気候変動対策のために、世界の平均気温上昇を産業革命以前に比べて2℃より十分下回るよう抑え、1.5℃に抑える努力を追求するという長期目標を定めた。しかし、各国が提出した2020年以降の温室効果ガス排出削減目標を積み上げてもパリ協定で示された目標を達成するには全く不十分であるため、各国は5年ごとに目標を見直し提出することが義務付けられている。パリ協定以前の取り決めである「京都議定書」では参加国数が限られていたが、パリ協定では全ての国が参加している。その意味でも、パリ協定は温室効果ガス排出削減に向けた取り組みとして一つの画期をなしている。

パリ協定が発効されて各国の脱炭素化の取り組みが加速する中で、脱石炭火力発電の大きな契機となったのが、「脱石炭連盟（PPCA：Powering Past Coal Alliance)」の発足である。PPCAは、2017年のCOP23でイギリス政府とカナダ政府が主導して立ち上げられた。石炭火力ゼロに向けた世界初の政府主導組織で、2021年2月現在で34の政府と35の地方自治体と44の企業・団体が参加している。

参加メンバーには以下の3点を果たすように宣言している。まず政府に対しては、域内の未対策の既設石炭火力発電所を廃止し、新設の停止措置をとること、次に企業に対しては、事業への電力供給を石炭以外の電源から行うこと、および全加盟組織に対しては、政策や方針でクリーンな電力を支持し、石炭の回収・貯蓄のない石炭火力発電所への投融資を抑制することである。

こうした取り組みの中で、主要先進国では石炭火力ゼロに向けた目標が掲げられていっている。例えば、フランスは2021年までに、イギリスとイタリアは2025年までに、オランダとカナダは2030年までに、ドイツは少なくとも2038年までに石炭火力発電を廃止することを目標としている[8]。

政府レベルの取り組みに加えて、民間企業の取り組みも拡大している。例えば、事業活動に100％再エネだけを使用することを宣言するイニシア

ティブである「RE100」には、世界の大企業を中心に280社を超える企業が参加しており、日本企業も50社が参加している（2021年2月現在）。また、パリ協定が求める水準と整合した温室効果ガス削減目標を持つことを宣言するイニシアティブである「SBT：Science Based Targets」には、1205社（認定企業593社、コミット企業407社）が参加しており（2021年2月現在）、日本企業も107社が参加している。

　さらに、投資家・株主の取り組みも拡大している。環境・社会・企業統治を重視して投資先を選択する「ESG投資」が普及するもとで、「国連環境計画・金融イニシアティブ（UNEP FI）」が主導する「国連責任銀行原則（PRB：Principles for Responsible Banking）」が2019年9月に発足した。SDGs（持続可能な開発目標）やパリ協定に自社のビジネスとの整合性を取ることを銀行に求めていることを特徴としており、発足当時から132の金融機関が署名をしている。アジアや欧米の有力銀行とともに日本のメガバンクも名を連ね、その後も加盟する金融機関は増え続けている。

　このように、脱炭素化に向けた取り組みが政府レベルだけでなく、民間企業や投資家・株主の間でも拡大していっている。その背景には、脱炭素化に取り組まなければ市場で取引することが困難になるという認識が広がっていることがあげられる。とりわけ、化石燃料資産を保有することや温室効果ガス排出の多い石炭火力発電の開発に関わることが、経営上のリスクになるという認識が広がっているのである[9]。

（2）再エネの構成比予測から

　では、こうした脱炭素化に向けた取り組みが拡大するもとで、電力市場はどのように変化していったのであろうか。国際エネルギー機関（IEA：International Energy Agency）の発行する *World Energy Outlook*（以下、WEO）を使って、2010年代の2030年における各国・地域の電源構成比の予測の推移について検討してみよう。こうした予測とその変容は、予測時点での各国・地域の電源構成および新規投資動向を反映するものと捉えられる。なお、ここではアメリカ、EU、日本、アジア太平洋[10]の4つの国・地域について検討する。これら4つの国・地域が前節で検討した火力発電

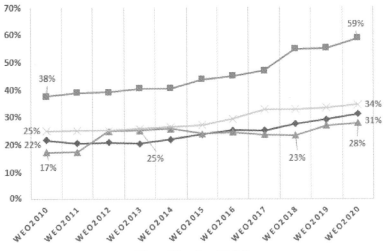

図2　再エネの構成比

出所：*World Energy Outlook* 各年版より筆者作成。
注：WEO2010 は 2010 年に発行された *World Energy Outlook* を指す。

プラントメーカー3社の主要な市場だからである。

　図2は、各国・地域の電源構成に占める再エネの構成比を示したものである。再エネの構成比は、どの国・地域にかかわらず全体的に上昇傾向にあるが、WEO2010からWEO2020にかけて、最も構成比が上昇しているのはEUである。EUはWEO2010時点でも他の国・地域に比べても、構成比が38％と最も高く、WEO2020では59％まで上昇している。

　アメリカ・日本・アジア太平洋もWEO2010からWEO2020にかけては増加傾向である。アメリカは22％から31％、日本は17％から28％、アジア太平洋は25％から34％の増加である。

　しかし、日本はWEO2013の25％までは上昇した後に減少に転じ、WEO2018には23％まで減少する。同時期において、他の国・地域では上昇しており、世界的な潮流と逆行している。

　WEO2013からWEO2018にかけての発電量見通しで見てみても、日本は

303TWhから205TWhへと17.5％減少している。同時期に、アメリカでは1040TWhから1232TWhの18.5％上昇、EUでも1427TWhから1835TWhの28.6％上昇、アジア太平洋でも3984TWhから5279TWhの32.5％と大幅に増加している。WEO2013からWEO2018にかけて日本は世界的な潮流から逆行して、再エネ導入が進まないとIEAに見られていたのである。

このようにWEOにおける日本の再エネの構成比・発電量の見通しが減少したのは、日本政府が示した目標の反映である。例えば、2014年4月に閣議決定された「第4次エネルギー基本計画」では、原子力発電とともに石炭火力発電がベースロード電源に位置づけられている。また、それを受けて翌年に取りまとめられた「長期エネルギー需給見通し」では、2030年度の電源構成が、LNG27％程度、石炭26％程度、石油3％程度、再エネ22〜24％、原子力20〜22％と具体的に示された。2018年7月に閣議決定された「第5次エネルギー基本計画」では、新しく2050年に向けた対応策が据えられたが、「長期エネルギー需給見通し」の内容が引き継がれており、2030年度に向けた電源構成比については変更されていない[11]。

このように日本では世界的な潮流からの逆行が見られるものの、各国・地域における再エネの構成比は上昇していくことが予想されている。しかし、これまで再エネ導入の阻害要因として、とりわけ発電コストと電力供給の不安定性が問題とされてきた。それにもかかわらず、再エネの構成比が高まってきたのは、それら2つの問題が徐々に克服されてきたからである。

発電コストについては、例えば、IRENA（2020）によれば、2019年時点の太陽光発電のコストは2010年比で82％減少、集光型太陽熱発電は47％減少、陸上風力は39％減少、洋上風力は29％減少である。こうしたコスト低下を牽引した要素として、技術の改善、規模の経済、サプライチェーンの競争力向上、開発事業者の経験蓄積が指摘されている。

また、同調査によれば、2019年の再エネの世界加重平均コストは、バイオマス0.066ドル、地熱0.073ドル、水力0.047ドル、太陽光発電0.068ドル、集光型太陽熱発電0.182ドル、陸上風力0.053ドル、洋上風力0.115ドルであった。同年の化石燃料のコストが0.177から0.05ドルの範囲であるから、

再エネはすでに化石燃料と同水準かそれ以下のコストで発電ができるようになっている。日本では、再エネへの依存度が高まれば電力料金が上昇するとされ、石炭火力発電や原発を温存しようとしてきたきらいがあるが、世界的には再エネは低コストな発電方法となりつつある。

電力供給の不安定性については、再エネの主力と目されている太陽光発電と風力発電が再エネの普及を阻害するものとされてきた。天候などによって発電量が変動しやすいからである。しかし、近年、蓄電池の低廉化や、ICT技術の発展によって、電力卸売市場や需給調整市場における電力需給の調整能力は高まっており、電力供給の不安定さという再エネ導入の阻害要因も技術的に克服されつつある[12]。さらに、AIや情報通信における5G、ブロックチェーン技術の発展は、電力需給予測の精度向上と瞬時の需給調整、自動支払いを可能とし、分散した電力供給者と需要者の意思決定に基づいた自律分散的取引をも可能にする点も指摘されている[13]。このような経済的・技術的条件の変容を前提として、省エネと再エネ導入の拡大によって、脱原発・脱炭素社会の実現をはかる構想も示されるようになっている[14]。

(3) 化石燃料の構成比予測から

次に、化石燃料の構成比（石炭、石油、天然ガスの合計）を見てみよう（図3）。EUはWEO2010の段階でも、化石燃料の構成比が38％と4つの国・地域の中で最も低かったが、そこからさらにWEO2020にかけて16ポイント下がり、22％になっている。

アメリカとアジア太平洋も、WEO2010からWEO2020にかけて減少が見られるが、EUと比べると減少幅が小幅である。アメリカは59％から53％、アジア太平洋は65％から59％への減少で、両者ともに6ポイントの減少にとどまっている。

日本は、WEO2010の時点では化石燃料の構成比が42％とEUに次いで低かったが、WEO2012では60％まで上昇している。これは2011年に発生した東日本大震災に伴う福島第一原子力発電所の事故の影響で国内の原発が全て停止したことで、化石燃料の依存度が高まると予想されたためである。

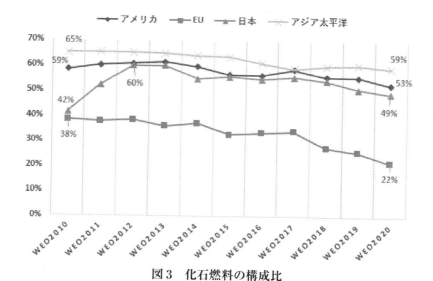

図3　化石燃料の構成比

出所：*World Energy Outlook* 各年版より筆者作成。

　その後は徐々に減少していきWEO2020では49％まで減少していくが、それは化石燃料から再エネへの転換が進むというよりは、原発の構成比が高まることに大きく依存している。実際に日本の原発の構成比を見てみると、WEO2010では41％であったが、そこからWEO2012には15％まで減少する。その後徐々に増加していきWEO2016の21％まで上昇を続け、それ以降は20％と21％の間で推移している。

　このように、4つの国・地域の中で、EUが最も脱化石燃料が顕著である。その一方、アメリカ、日本、アジア太平洋でも脱化石燃料の傾向は見られるが、WEO2020の時点でも構成比のおよそ5割から6割は化石燃料で、EUと比べると高い水準にとどまる見込みである。

　ただし、アメリカ・日本・アジア太平洋では、化石燃料の構成比がおよそ5割から6割で高止まりしているということは共通しているが、その内訳をみるとそれぞれで特徴が異なる。石炭の構成比（図4）と天然ガスの構成比（図5）を参照しながらこの点を検討してみよう。なお、化石燃料

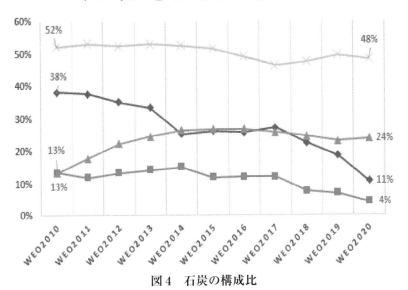

図4　石炭の構成比

出所：*World Energy Outlook* 各年版より筆者作成。

には石炭と天然ガスのほかに石油も含まれるが、ここでは検討対象から外している。アメリカ・日本・アジア太平洋の中で石油の構成比が最も高いのは日本の3％であり、発電で化石燃料が使用される場合は、石炭と天然ガスが主だった電源であるためである。

　アメリカの2030年予測では、WEO2010からWEO2020にかけて石炭を中心とした構成から天然ガスを中心とした構成に変化している。WEO2010では、石炭38％で天然ガス20％であった。しかし、WEO2020では、石炭は11％まで減少し、天然ガスは逆に42％まで上昇している。このような変化が生じた要因は、アメリカ国内における既設の石炭火力発電プラントの更新時期とシェールガス開発の進展した時期が重なったことによるものと思われる。

　日本は、東日本大震災の影響でWEO2013までは予測が大きく変動するものの、WEO2014以降は石炭と天然ガスが約25％程度で推移している。

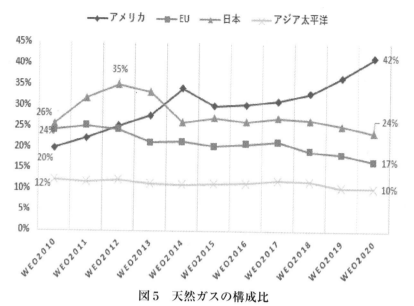

図5　天然ガスの構成比

出所：*World Energy Outlook* 各年版より筆者作成。

　アジア太平洋では、一貫して化石燃料のうち石炭の占める割合が50％前後、天然ガスは10％前後であり、石炭中心の電源構成であることがわかる。

　ここで注目すべきなのは、パリ協定が採択された2015年以降も、日本とアジア太平洋の石炭が占める構成比にそれまでと比べて変化が見られないことである。つまり、両者はパリ協定が掲げる目標を実現するために、脱炭素化に向けた取り組みを電力分野において十分に示せていないことを意味する。2019年のCOP25おいて、国連のグテーレス事務総長が実質的に日本に向けて「石炭中毒」と非難したことや、世界最大の気候変動NGOネットワーク組織である「気候行動ネットワーク（CAN）」から、「化石賞」を2年連続で贈られたことは象徴的である。

　実際に日本国内では、計画中・建設中の石炭火力発電所は15件残存している[15]。上述したように、国際的に石炭火力ゼロに向けた動きが加速している中で、依然として国内で石炭火力発電所を増設しようとしている日本

は極めて異例である。

　また、日本が重ねて異例なのは、石炭火力発電輸出に対する公的融資を
パリ協定発効後も継続していることである。そもそも日本の石炭火力発電
輸出は、安倍政権が成長戦略の柱の一つとして掲げた「インフラシステム
輸出戦略」の中に位置づけられており、国際協力銀行、国際協力機構、国
際貿易保険といった政府機関によって支援されてきた。その中で一例を挙
げてみると、国際協力銀行の過去5年間の石炭火力発電に対する出融資保
証実績（2019年6月末時点）は7件（インドネシア4件、ベトナム3件）
あった[16]。

　こうした公的融資に加えて、日本の民間金融機関も積極的に石炭火力発
電輸出への融資を行ってきた。ドイツの環境NGOウルゲワルド（Urgewald）
およびオランダのバンクトラック（Banktrack）がCOP25期間中に発表した
調査によれば、2017年から2019年までに307の民間銀行が石炭火力発電に
融資した金額は1590億ドルであったが、そのうちのトップ3をみずほフィ
ナンシャルグループ（みずほFG）、三菱UFJフィナンシャルグループ（三
菱UFG）、そして三井住友フィナンシャルグループ（SMBCグループ）が
占めていた[17]。融資額は、みずほFGが168億ドル、三菱UFGが146億ド
ル、SMBCグループが79億ドルで、3社の総額は全体の約25％に及んでい
る。

　このように、日本では国際的な潮流とは逆行して、国内の石炭火力発電
の増設を進めるとともに、海外では官民ともに石炭火力発電輸出の支援を
継続してきた。こうした国内外での石炭火力発電維持政策を保持してきた
ことで、度重なる「化石賞」の受賞に象徴されるように、日本は国際的な
批判を多く浴びてきた。しかし、こうした日本政府の後ろ盾があったため
に、三菱重工はGEやシーメンスのように戦略の転換を図る必要性に迫ら
れなかったといえる。

4．日本政府および三菱重工の「方針転換」

　前節では、日本政府が国内外で石炭火力発電維持政策を保持してきたことで、三菱重工がGEやシーメンスのように火力発電事業を縮小または同事業から撤退する必要性が生じなかったことが明らかになった。

　本節では、こうした石炭火力発電維持政策を保持してきた日本政府も三菱重工も、国際世論や国内外の金融機関の動向から、「方針転換」せざるをえなくなったことを明らかにする。

（1）日本政府および三菱重工の「方針転換」とその要因

　前節で述べたように、日本政府は国内の石炭火力発電の新設を進めるとともに石炭火力発電輸出を推進してきた。しかし、2020年7月に経済産業省は、「低効率」な石炭火力発電所約110基のうち100基程度を2030年度までに順次休廃棄する方針を表明し、石炭火力発電の抑制策に転じた。さらに10月、菅首相は国会での所信表明演説で2050年にカーボンニュートラル・脱炭素社会の実現を目指すことを表明した上で、年末に政府は、脱炭素目標実現に向けた行程表を作成し、この中で2050年には発電中の再生エネルギー比率を50〜60％に高めることが掲げられた[18]。また、新興国などへの石炭火力発電輸出の支援についても従来の方針を見直し、対象を「高効率」の設備に限り、公的支援の条件を厳しくする方針を表明した[19]。

　こうした政府の動きに呼応するように、2020年9月に三菱重工は石炭火力発電設備の保守などのサービスの売上高に占める比率を、現在の4割から8割に高め、サービス事業を収益の柱に据えると表明した[20]。また、同年10月に発表した新しい中期経営計画「2021事業計画」では、成長分野の一つとして「エナジートランジション」（エネルギー転換）を初めて掲げ、2050年のカーボンニュートラル達成を目指すとしている。

　同計画では、水素ガスタービンの開発など水素を利用した製品開発を推進していくだけでなく、新たに今後利用拡大が見込まれる水素やアンモニアの製造・備蓄に参入し、水素やアンモニアの供給網の構築を目指してい

る。また、こうした燃料転換による脱炭素化を進めるだけでなく、CO_2の回収・再利用・貯留（CCUS：Carbon dioxide Capture, Utilization and Storage）を推進し、二酸化炭素の回収事業にも注力することが掲げられている。さらに、脱炭素化を進めるために、国内原発の再稼働と燃料サイクルの継続支援、次世代炉、将来炉（高温ガス炉、小型軽水炉等）の開発といった原発事業を推進することも打ち出されている。

　このように、石炭火力発電抑制策に転じ、「2050年カーボンニュートラル」の実現を掲げた日本政府に呼応して、三菱重工も事業の転換を図った。その変化の背景として、上述の「化石賞」に象徴される国際世論の影響とともに、ESG投資など国際的な金融機関・金融市場の動向も指摘できる。

　2019年9月に国連環境計画・金融イニシアティブが主導する「国連責任銀行原則（PRB）」が発足すると、アメリカのゴールドマンサックスによって2019年12月に石炭火力発電のみならず石炭産業自体に投資しないことが表明された。また、JPモルガン・チェースも2020年2月同様の方針を発表し、石炭採掘会社への既存の融資も段階的に減らし、2024年までにゼロにすることを宣言している[21]。

　世界最大の資産運用会社であるブラックロックも2020年1月に投資先企業と顧客投資家への書簡で、ESG投資を軸にした運用を強化すると表明するとともに、2020年半ばまでに石炭関連会社への投資を大幅に削減することを明らかにした[22]。また、2021年2月には、企業に具体的な行動を求める資料を公表した。対象となる企業全体に「使用した化石燃料からの温暖化ガス排出量（「スコープ1」）」と、「電力消費からの間接的な排出量（「スコープ2」）」の両方の開示を求め、温暖化ガス排出量の多い業界に対しては、「社員や関係者の出張やサプライチェーンなどを含めた排出量（「スコープ3」）」の公開も求めるものである[23]。

　また、日本の金融機関も、従来の方針を転換して石炭火力発電への融資を行わない方針を表明していった。例えば、日本のメガバンク3社は2018年に案件ごとに判断をし、超々臨界圧以上の「高効率」石炭火力発電にしか融資をしない方針を明らかにしていたが、2019年から2020年にかけて石炭火力発電に対する新設融資を原則禁止すると表明していった。三菱UFJ

は先駆けて2019年5月に新設融資を原則禁止すると表明し、翌年の4月にみずほFGとMUFGも相次いで新設融資を行わないことを発表した。メガバンク3社ともに石炭火力発電への投融資残高を段階的に減らし、目標時期までに残高ゼロを目指すとしている[24]。

　以上のように、パリ協定の発効を一つの契機としながらESG投資の浸透も相まって、国際的な金融機関さらには国内の金融機関も、脱炭素経営を意識して石炭火力発電の融資を禁止するとともに、パリ協定に整合した温室効果ガス排出削減策を講じない事業からの投資撤退を宣言するようになっている。こうして日本政府も石炭火力発電維持政策から石炭火力発電抑制策へと転換せざるをえなくなっている。それに呼応して、三菱重工もこれまでの事業戦略を見直し、脱炭素経営を念頭に置いた事業戦略に転換せざるをえなくなった。しかしながら、日本政府が国内外の石炭火力発電維持政策を継続し続けてその転換が遅れたために、ライバルメーカーであるGEやシーメンスから遅れることになったのである。

（2）「方針転換」後における石炭火力発電・原発の温存

　上述のように2020年末に策定された2050年の脱炭素目標実現に向けた行程表では、発電中の再生エネルギー比率を50～60％とすることが目標値とされたが、原子力・火力発電も発電電力量の3～4割を維持する方針が示されている。特に火力発電の活用については、CCUSを活用したCO_2排出の抑制が掲げられているが、CCUSについては技術面やコスト面などで実現性の懸念も指摘されている。

　国内では、「高効率」の石炭火力発電所の建設がなお進められている。例えば、2020年7月、電源開発と日本製鉄が共同出資した鹿島パワー株式会社の石炭火力発電所も営業運転を開始した。また、三菱商事パワー、三菱重工、三菱電機、東京電力HDおよび常陸共同火力株式会社の共同出資によって設立された勿来IGCCパワー合同会社は、石炭をガス化する技術とGTCCの技術を組み合わせた石炭ガス化複合発電所を建設し、2021年4月から営業運転を開始した。さらに、東京電力と中部電力の共同出資で設立された株式会社JERAは、2023年に1号機、2024年に2号機の営業運転開始

を目指して、東京湾口の横須賀市久里浜地区に石炭火力発電所の建設を進めている。

　さらに、石炭火力発電輸出も継続されている。日本政府も国内の金融機関も石炭火力発電抑制策へと転換する中で、環境団体だけでなく投資家団体からも国際的に批判を浴びているのが、三菱商事などがベトナムで計画しているブンアン2石炭火力発電事業（超々臨界圧）である。同計画には、国際協力銀行が約17億6700万ドルの協調融資を決めたと2020年12月に発表しており、そのうち国際協力銀行の融資額は約6億3600万ドルであった[25]。また、北欧のノルディア・アセット・マネジメントや仏アムンディなど4.7兆ユーロ（580兆円）の資産を運用する21の投資家が計画に参加する12社に撤退を要求する書簡を送ったが、そのうち8社が日本の企業・政府系金融で、三菱商事や中国電力、メガバンク3社などであった[26]。日本政府も国内メガバンクも石炭火力発電抑制策へと転換すると宣言していたにもかかわらず、上記計画には融資をする見込みであった。宣言する前に決定していた案件については支援を継続するとしたためであり、そうした対応であることから国際的に批判を浴びている。

　また2021年2月24日、経済産業相の諮問機関である総合資源エネルギー調査会の分科会が、同年夏に策定予定の次期エネルギー基本計画について経済界・消費者団体などから意見聴取を行った。この中で、経団連の越智副会長は政府に対して原発の新増設・建て替えを政策方針として位置づけることを求め、日本商工会議所の三村会頭も原発の新増設や再稼働に向けて国が前面に立って政策を前進させることへの期待を述べている[27]。こうした原発の再稼働・新増設を求める経済界の意向は、上記の三菱重工の新たな中期経営計画の内容とも符合している。なお原発についても、エネルギー源は異なるものの、高圧の水蒸気でタービン発電機を回して電力をえる汽力発電であることは、石炭火力発電と変わりない。したがって、蒸気タービン製造を手掛けてきた火力発電プラントメーカーにとっては、原発の場合も石炭火力発電と同様、従来から培われてきた技術的強みを活かせる点に相違はない。

　このように、日本政府によって「2050年カーボンニュートラル」宣言が

出された2020年以降も、CCUSによって脱炭素化をはかりつつ、「高効率」の石炭火力発電所の運転開始・建設、さらには輸出が進められ、原発についても再稼働・新増設を求める動きが継続している。こうした石炭火力発電と原発の温存の背景として、国内火力プラントメーカーの従来からの経営戦略や技術的優位性にかかわる点も看過できない。

5. おわりに

　本稿では、火力発電プラント業界における外部環境の変化を検討し、三菱重工の事業転換が遅れた要因を明らかにした。以下では、本稿の内容を振り返りまとめとしたい。

　まず、GE、シーメンス、三菱重工の火力発電プラントメーカー3社の競合関係を分析し、火力発電事業を縮小または撤退するメーカーとそうでないメーカーに分かれた直接的要因を明らかにした。GE、シーメンス、三菱重工は、石炭火力発電の領域で新興国メーカーが台頭する中、他のメーカーが参入できていないガスタービン、天然ガス火力発電事業に注力し、各々が得意とするガスタービン技術と市場を形成することで業績をあげてきた。ところが、各国で電力供給体制の見直しが図られる中で、GE、シーメンスが得意としてきた欧州や中東市場が縮小したことにより両社は先駆けて火力発電事業の縮小または撤退の方針に転換した。その一方、三菱重工は得意としてきたアジア市場が堅調であったため、同社はGE、シーメンスと同時期に戦略転換を行う必要がなかった。

　次に、脱炭素化をめぐる世界的潮流を整理した上で、火力発電プラントメーカー3社の主要な市場であるアメリカ、EU、日本、アジア太平洋における2030年の電源構成比の予測が2010年代にどのように推移したのかを検討した。パリ協定を起点として、脱炭素化に向けた取り組みが政府レベルだけでなく、民間企業や投資家・株主の間でも拡大する中、日本が世界とは逆行して再エネ導入が進まないと同時に石炭火力発電という従来からの発電方式を温存しようとしてきたことが明らかになった。日本政府は国内の石炭火力発電の増設を進めるとともに、海外に向けては官民一体と

なって石炭火力発電輸出の支援を継続する石炭火力発電維持政策を保持してきた。こうした日本政府の後ろ盾があったために、三菱重工はGEやシーメンスのように戦略の転換を図る必要性が生じなかったのである。

　最後に、これまで石炭火力発電維持政策を保持してきた日本政府も三菱重工も、国際世論や国内外の金融機関の動向から、「方針転換」せざるをえなくなったことが明らかにされた。国内外の金融機関は、脱炭素経営を意識して石炭火力発電の融資を禁止するとともに、パリ協定に整合した温室効果ガス排出削減策を講じない事業からの投資撤退を宣言するようになっている。こうした外圧から、日本政府は石炭火力発電抑制策へと「方針転換」せざるをえなくなった。それに呼応して、三菱重工もこれまでの事業戦略を見直し、脱炭素経営を念頭に置いた事業戦略に転換したのである。

　以上の分析から、日本政府の国内外での石炭火力発電維持政策が、三菱重工の事業転換の遅れに影響したと捉えられる。ただし、日本政府も三菱重工も再エネの普及を図る一方で、CCUSと抱き合わせで石炭火力発電を存続することや原発の再稼働および新設が前提となっている。既存技術の温存を図り、従来からの戦略や技術的優位性を今後も活用したいという意図が窺われ、真の意味で方針転換したとは言えない。脱炭素化に向けた国際世論が強まると同時に原発に対する風当たりも強まる中、三菱重工がなお「座礁資産」を抱え続けているリスクは看過できない。

注
1)　2020年9月から三菱パワー株式会社に社名変更。
2)　化石燃料を利用する火力発電には、石炭火力発電と天然ガス火力発電の他に、石油火力発電（汽力発電）もある。しかし、IEA（2020）によれば、2019年時点の世界の発電量に占める割合は、石炭が約37％、天然ガスが約23％なのに対して、石油は約3％である。
3)　三菱総合研究所（2016）によれば、2011〜2015年における蒸気タービンの市場シェア（容量ベース）は中国メーカーが約7割、ボイラーの市場シェア（容量ベース）も中国メーカーが約6割であった。
4)　気候ネットワーク（2018）を参照。
5)　工藤（2011）は、三菱重工がこのように火力発電プラントのような複雑なシステムにおいて、システム統合型イノベーションを目指したことで、技術開発

優位を築いたと指摘している。

6) 西村（2016）によれば、高効率なガスタービンの製造能力を有しているかどうかが火力発電プラントメーカー間における競争力の源泉となっている。

7) ただし、内藤（2017）によれば、COP15に先立って開催された2009年のG8ラクイラ・サミットにおいて、EUの温暖化問題に対する基本的なスタンスは確立されている。

8) 環境省（2020）を参照。

9) 世界最大の資産運用会社であるブラックロックのラリー・フィンクCEOは2021年2月、英フィナンシャル・タイムス紙への投稿で、CO_2を排出するエネルギー業界向け投資を不良債権と捉え、不良資産の受け皿としての資産管理会社「バッドバンク」を創設することを提唱した。『日本経済新聞』2021年2月26日付朝刊。

10) WEOで「アジア太平洋」に分類されているのは、オーストラリア、バングラディシュ、中国、台湾、インド、日本、北朝鮮、モンゴル、ネパール、韓国、ニュージーランド、パキスタン、スリランカ、ブルネイ、カンボジア、インドネシア、マレーシア、ミャンマー、フィリピン、シンガポール、タイ、ベトナム、アフガニスタン、ブータン、クック諸島、東ティモール、フィジー、フランス領ポリネシア、キリバス、ラオス、マカオ、モルディブ、ニューカレドニア、パプアニューギニア、サモア、ソロモン諸島、トンガ、バヌアツ、パラオである。本稿では、WEOの分類から日本の数値を減じて表示している。また、WEO2010からWEO2016までは、「アジア太平洋」という分類が設けられていなかったため、「OECDアジア・オセアニア」と「アジア（OECD外）」の数値を加算し、そこから日本の数値を減じて表示した。ただし、WEO2010からWEO2016までにパラオの数値はなく、厳密にはWEO2017以降とは連続しない。

11) 今年中に「第6次エネルギー計画」が策定される予定である。昨年に政府は「低効率」石炭火力発電所を順次廃止していくことや、再エネを主力電源にしていくことを表明していることから、これまでの2030年度に目標とする電源構成比も変わることが予想されるが、どの程度まで変更されるのかは不透明である。

12) 欧州の電力卸売市場や需給調整市場を通じた再エネ電力の需給調整については、諸富（2019）第1〜3章を参照。例えば北欧7ヶ国では、すでに発電事業者と送電事業者との卸売電力市場で電力需給調整を行う市場調整システムが実施されている。そこに蓄電池の普及やICT技術のさらなる発展によって、電力需給の調整能力はさらに高まっていくことが期待される。

13) 武田（2019）を参照。ただし、ブロックチェーン技術を取り入れた自律分散的な電力取引が普及するための課題はまだ多く、アメリカ、ドイツ、日本など各国において実証実験が行われている段階である点は留意されたい。

14) 具体的な構想を提示した代表的な研究として、壽福・法政大学サステイナビ

リティ研究センター（2019）；歌川（2021）などを参照。

15）Japan Beyond Coal「日本の石炭火力発電所データベース」（2021年2月15日現在）。

16）国際協力銀行（2020）を参照。

17）Urgewald and BankTrack（2019）を参照。

18）『日本経済新聞』2020年12月26日付刊。ただし、火力発電・原発も発電電力量の3～4割を維持する方針が示されている。とくに火力発電の活用については、CCUS（CO_2の回収・再利用・貯留）を活用したCO_2排出の抑制が掲げられているが、CCUSについては技術面やコスト面などで実現性の懸念も指摘されている。

19）『日本経済新聞』2020年7月10日付朝刊。

20）『日本経済新聞』2020年9月1日付朝刊。

21）『日本経済新聞』2020年2月27日付朝刊。

22）『日本経済新聞』2020年1月16日付朝刊。

23）『日本経済新聞』2021年2月19日付朝刊。

24）『日本経済新聞』2020年4月15日付朝刊、4月17日付朝刊、および10月16日付朝刊。また、国内の生命保険会社や損害保険会社といった金融機関も石炭火力発電への融資を原則禁止へと方針を転換していっている。『日本経済新聞』2020年9月16日付朝刊および9月24日付朝刊。

25）『日本経済新聞』2020年12月30日朝刊。また、国際環境NGOであるFoE Japanとメコン・ウォッチの「ベトナムブンアン2ファクトシート」（2021年2月20日現在）によれば、融資者には三菱UFG、みずほ銀行、三井住友銀行、三井住友信託銀行といった日本の民間銀行も見込まれている。当初銀行団に名前が挙がっていた、DBS銀行（シンガポール）、オーバーシー・チャイニーズ銀行（OCBC）（シンガポール）、スタンダードチャータード銀行（英）は脱石炭方針により撤退している。

26）『日本経済新聞』2020年11月29日付朝刊。

27）『日本経済新聞』2021年2月25日付朝刊。なお同分科会では、全国消費者団体連絡会の二村理事が原発再稼働に反対し、再生可能エネルギー比率をさらに高めるよう求めた一方、連合の神津会長は中長期的に原発依存度を低下させる必要があるとしつつ、代替電源が確立するまでの間は原発再稼働が必要だと述べた点にも注目される。

参考文献

歌川学（2021）「気候変動・気候危機、脱炭素・エネルギー自立転換と地域経済」支え合う社会研究会編『資本主義を改革する経済政策—支え合う』かもがわ出版。

大野真紀子（2012）「発電システム産業における海外戦略—火力発電システムの海外

展開」『Mizuho Industry Focus』vol.116.

環境省（2020）「石炭火力発電輸出ファクト集2020」
https://www.env.go.jp/earth/post_72.html（2021年2月17日閲覧）。

気候ネットワーク編（2018）『石炭火力発電Q＆A―「脱石炭」は世界の流れ』かもがわ出版。

工藤悟志（2011）「システム統合型イノベーションの優位性―三菱重工による火力発電技術の開発事例―」一橋大学日本企業研究センター編『日本企業研究のフロンティア　第7号』有斐閣。

国際協力銀行（2020）「年次報告書2020」https://www.jbic.go.jp/ja/information/annual-report/year-2020.html（2021年2月17日閲覧）。

重化学工業通信社『プラント輸出データ便覧』各年度版。

壽福眞美・法政大学サステイナビリティ研究センター編（2019）『「エネルギー計画2050」構想　脱原子力・脱炭素社会に向けて』法政大学出版会。

武田泰弘（2019）『電力流通とP2P・ブロックチェーン―ポストFIT時代の電力ビジネス―』田中謙司監修，オーム社。

内藤克彦（2017）「世界の温暖化対策と再エネ政策を概観する」植田和弘・山家公雄編『再生可能エネルギー政策の国際比較―日本の変革のために』京都大学学術出版会。

西村成弘（2016）「絶えざる技術開発とグローバル競争優位」橘川武郎・黒澤隆文・西村成弘編『グローバル経営史―国境を越える産業ダイナミズム』名古屋大学出版会。

三菱総合研究所（2016）「平成28年度製造基盤技術実態等調査事業（重電機器産業における競争力強化策の検討に向けたグローバルベンチマーク分析等調査）最終報告書」http://www.meti.go.jp/meti_lib/report/H28FY/000825.pdf（2021年2月15日閲覧）

諸富徹編（2019）『入門　再生可能エネルギーと電力システム―再エネ大量導入時代の次世代ネットワーク』日本評論社。

IEA（2020）*World Energy Outlook 2020*.

IRENA（2020）*Renewable Power Generation Costs in 2019*.

Urgewald and BankTrack（2019）*Banks and Investors Against Future: NGO Research Reveals Top Financiers of New Coal Power Development*.

（あらい　としひで／中央大学）

モジュール化と部品共通化における
リコール責任の所在と
元請企業のリスク吸収仮説の考察
——日本の自動車産業におけるトヨタ自動車の
協豊会について——

齋　藤　　敦

1．本稿の課題

　日本企業は第二次世界大戦後、高度経済成長期をへて技術力を高めて、国際競争力を向上させるが、1970年代のオイル・ショックとドル・ショックという2つの大きな経済事件によって大打撃を受ける。これに対する克服の努力として、植松（2004：5-8）によればいわゆる産業構造の高度化がなされ、その中で加工組立型重工業が日本経済の大きな柱となっていった。この加工組立型重工業を中心に、日本においては、完成品メーカーは完成品生産に必要な部品を外注する下請関係が生じており、下請となる中小企業の技術力等の格差もあって、元請企業と下請企業の間には図1のようなピラミッド型の多階層な下請構造が形成されることとなる。この構造は欧米の下請構造にはない日本特有の形態であった。

　柿野（1991：48）によれば、このようなピラミッド型の多階層な下請構造が形成されるときの元請企業として完成品メーカー（大企業）側のメリットは、下請企業の低賃金の利用、部品生産などにおける生産設備の資本節約、下請企業の景気変動のバッファー（緩衝器）としての利用などが挙げられる。また下請企業（多くは中小企業）側のメリットは、安定的な受注、元請企業からの情報・技術の移転などが挙げられる。

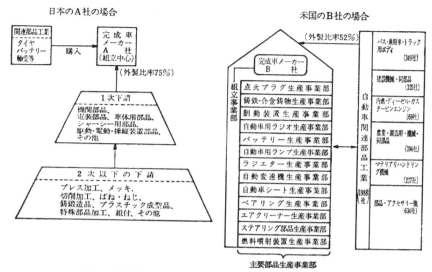

図1　日本と米国の自動車産業における下請構造

資料：中小企業庁委託調査「生産分業体制における中小企業の役割に関する調査」（委託先：（社）中小企業研究センター）55年1月

(注)　1.　外製比率　$= \dfrac{購買費用 + 外注（下請・加工）費用}{総製造費用} \times 100$
　　　　　(53年)

　　　2.　1次下請企業等においては，親企業は必ずしも1社とは限らない。

出所：『昭和55年版　中小企業白書』

　有田（1997：29-37）によれば、このようなピラミッド型の多階層な下請構造においては、元請企業が下請企業に部品供給を発注する際、下請企業の低賃金を利用するために、しばしば部品単価をできるだけ安くしようと圧力をかけたり、発注の金額支払いを遅延させたりすることがある。他方、下請企業側も安定受注のためにそのような元請企業側の下請叩きを甘んじて受けなければならなかった。

　そもそも上述の日本の製造業におけるピラミッド型の多階層な下請構造においては、完成品メーカーと直接取引を行う一次下請と二次下請以下間で、元請企業との取引の緊密さなどの違いがある可能性があり、区別する必要があると考えられる。このとき、浅沼（1997：186-194、199-203、216-233、275-306）は、ピラミッド型の多階層な下請構造の中の完成品メー

カー（元請企業）と直接取引をする一次下請を対象に、上記の景気変動の
バッファーとは異なる役割を期待される衛星型サプライヤーも存在し、景
気変動のバッファー的な扱いをする一次下請と衛星型サプライヤーとを含
む一次下請のランキング・システムをとっていると述べている。特に、浅
沼によれば、一次下請には、部品の設計を元請企業から貸与される（設計
図の所有権は元請企業側に属する）貸与図メーカーが存在している。その
一方で、技術力を高めえたことによって、詳細な基本仕様を元請企業から
提示された後、その仕様に沿って部品の設計を行い、元請企業から承認を
受ける（設計図の所有権は下請企業側に属する）承認図メーカーが存在す
るようになっているのである。そして、一次下請は貸与図メーカーから承
認図メーカーへ進化しようとする。このとき、完成品メーカー側も一次下
請が高度な開発能力を持つようになると、これらとの継続的取引を望み、
特に重要な一次下請としての衛星型サプライヤーについては完成品メー
カーはリスクを吸収しようとすると浅沼は主張している。浅沼によると、
このリスク吸収に関しては、2つの傾向が観察されるという。1つは、サプ
ライヤーのビジネスが特定の完成品メーカーに対する供給に集中している
度合いが大きいほど、完成品メーカーはより多くのリスクを吸収する。さ
らに2つ目は、当該のサプライヤーの進化という視点から考察して、より
進化の程度の低いものであるほど、完成品メーカーはより多くのリスクを
吸収しようとするという傾向である。浅沼はこれをリスク吸収仮説と呼び、
トヨタ自動車、日産、マツダ、三菱自動車が、予期されなかった要因によ
り衛星型サプライヤーの実際の生産費が契約締結時点において設定された
目標を上回ったり、下回った場合において完成品メーカーからリスクを吸
収されているか等について、協力会の名簿や産業調査報告書等を用いて定
量的に検証している。

　また、これら承認図、貸与図メーカーの他に、藤本（1997：192-194）に
よると、最終図面の所有権は元請企業が有するが、詳細設計そのものは下
請企業側に委託される委託図メーカーも存在するようになってきている。
このとき、特に日本の自動車産業のピラミッド型の多階層な下請構造の中
で、完成車メーカーと直接取引をする一次下請に関しては、藤本、具、近

能（2006：6）によると承認図メーカーが約70％、委託図メーカーが約15％、貸与図メーカーが約10％、その他約5％の割合となって、承認図・委託図という高い設計技量を持つ下請企業の割合がかなり高くなっている。そして、後述するように、モジュール化の中で、完成品メーカーと一次下請は協働してモジュール化に取り組んでいるのである。

　今日の日本の自動車産業においては、モジュール化と部品共通化が進展している。この流れの中で自動車産業においてはリコールの発生がしばしば報道されることがある。そこで、本稿では、上述の加工組立型重工業の中で特に自動車産業に焦点をあて、当該産業において形成されているピラミッド型の多階層な下請構造の中で、後述するように、特に、最も一次下請と研究開発を協働で行っているトヨタ自動車を取り上げることにする。さらに、ピラミッド型の多階層な下請構造の中で、完成車メーカーであるトヨタ自動車と一次下請として継続的取引関係を有する企業が多く、トヨタ自動車にリスクを吸収してもらえる可能性が高いという観点から、浅沼と同じようにトヨタ自動車の協豊会を例にとる。そして、この協豊会において、上述のリコールが発生した時に、後述のような部品交換の無償修理等の金銭的なコストの責任（以下リコール責任とする）を誰が取っている例があるのか、協豊会会員企業にアンケート調査をすることで明らかにしたい。このとき、浅沼のような産業調査報告書等を用いた定量分析ではなくアンケート調査を行うのは、元請企業と下請企業のリコール責任の負担割合を答えてもらうためである。これにより、一次下請に対するトヨタ自動車のリスク吸収仮説に関してどのような可能性があるのか考察することを本稿の課題とする。

2．先行研究

　ここでは、自動車産業におけるリコールに関する先行研究をレビューすることにする。リコールに関する先行研究では、リコールが発生する原因、リコール・コストの内容、リコールの責任の所在、完成車メーカーのリコール対策についての研究がなされている。

まず、リコールの発生原因については、吉田（2007：52-59）では、第一に、設計段階で部品・材料の強度等が適切に設定・測定・評価されないという評価基準の低下が挙げられている。さらに第二には、グローバル競争の激化の中での開発期間の短縮化により、短い開発期間で高品質・信頼性の高い自動車を開発する仕組みとしての部品間干渉に関するマネジメント力が失われつつあることも挙げられている。加えて第三には、自動車の開発・生産に関する要求事項が増えるにも関わらず、上記の開発期間とともに開発工数が抑制されることから、開発・設計担当者の業務は過多となって疲弊してしまっていることもあるという。また第四として、非正規労働者の増加によって、生産現場での知識・技術の継承（移転）が進んでいないことも指摘されている。さらに第五としては、外国人労働者の多用化によるコミュニケーションの困難さに基づく品質管理レベルの低下も挙げられている。一方、伊藤（2012：20-21）は、新しい部品の材質や構造等をチェックする作業の増加の中で、品質評価が甘くなったことがリコールにつながっていると述べている。他方、十名（2019：32-52）は、グローバル競争と国内リストラ、および現場の疲弊の下で、品質に関する報告に不正が生じる企業体質が作られていったことがリコールを多発させていると指摘している。これに対して、Weick と Sutcliffe（2018：291-300）は、2009年のアメリカでのレクサスの事故に端を発するリコールには組織文化が影響していると述べている。つまり、継続的改善を尊重する組織文化が、製造などごく一部の話であり、これに固執して、日々のクレームに対応する能力を損なう形となったというのである。

　つづいて、リコール・コストの内容について、伊藤（2013：8-10）は、リコール発生の直接的なコストとして、リコール車の回収と、部品交換等に伴う回収・無償修理コスト、リコールに伴い顧客が代替交通手段にかけた支出を自動車会社が負担する場合に発生する代替交通手段コスト、リコール対象車の安全性の実証検査を外部の調査機関に委託し、安全性を証明するのに伴い発生する調査委託コスト、リコールに関連した訴訟・裁判費用、制裁金を挙げている。さらに、伊藤は、リコール発生の直接的なコスト以外のものとして、信頼回復コスト、販売台数の落ち込みを立て直す

ための販売促進費の増分コストも挙げている。

　一方、リコール責任の所在については、リコール・コスト問題自体、リコールの規模の拡大から実務上相当深刻になっていると考えられるが、当該問題は機密度が高いのが一般的で、それが深刻になるほどマル秘度は高まることもあり、論文レベルで取り上げられることがほとんどない。その中で上述の伊藤（2013：10-13）は、リコール問題大型化によって、顧客離れと販売・生産停止、中古車価格の下落から、トヨタ自動車の収益は大きく減少していると指摘している。これに対し、長谷川（2007：98-102）では、トヨタ自動車、日産自動車などの完成車メーカーがリコールの責任を負っているだけでなく、トヨタ自動車の緩衝装置の欠陥に関して下請企業Ａ社が、日産自動車のエンジンの回転数を感知するセンサーの不具合に関しては下請企業Ｂ社が、本田技研工業のエアコン部品の欠陥に関しては下請企業Ｃ社がリコールの責任を負ったと述べられている。

　最後に、リコール対策については、日野（2010：58-59）は、品質保証と部品共通化の両立を目指して、日本の完成車メーカーは強みとしての擦り合わせ能力を一括企画、一括設計などの業務革新に生かし、品質・コスト・納期・環境と整合の取れたモジュール化を進めることが必要であると指摘している。一方、上述の伊藤（2012：29-30）は、完成車メーカーによる顧客を第一とする視点の導入と地域別・顧客対応体制の構築の必要性を述べている。

　つまり、リコールに関する先行研究では、全般的に完成車メーカーに関する研究がほとんどである。またリコール責任の所在の研究は、上記の長谷川（2007）のように下請企業側が負っていることを示す研究が一部であるものの極端に少ない。このリコール責任の所在に関して、本稿では、元請企業に対する下請企業のリコール責任の負担の割合を明らかにするとともに、下請企業が負担させられる場合の根拠となる事柄を考察することにする。そしてそのことに基づいて、自動車の完成車メーカーからリスクを吸収してもらいやすい一次下請中心の協力会において、浅沼のリスク吸収仮説を考察することにする。

3. トヨタ自動車の一次下請との協力関係と
研究開発協力体制と協豊会

(1) トヨタ自動車の一次下請との協力関係と研究開発協力体制

　トヨタ自動車等の日本の自動車の完成車メーカーには、セダンやミニバン、SUV等多くのカテゴリーに関して、多くの車種を生産している企業が存在している。このとき、1車種を構成する技術も多く、完成車メーカーのマネジメントの負担は大きくなってしまう。そのため、日本の自動車の完成車メーカーはこのような車両開発および要素技術の開発を、一次下請と協働して行うことが多い。これに関して図2に見られるように、日本の自動車の完成車メーカーの中では、トヨタ自動車が一次下請との協働で最も多く特許を取得するなど強い協力関係を構築している。

　次に、図3から、トヨタ自動車が研究開発に関して一次下請と構築している研究体制を見ることにする。同図によると、トヨタ自動車は、本社のテクニカルセンターを中心に、TTDC、コンポン研究所、豊田中央研究所、グループ中核サプライヤー研究所、東富士研究所、日本自動車部品総合研

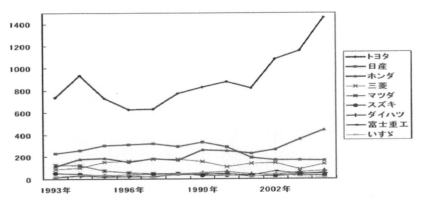

図2　日本の自動車の完成品メーカー各社の共同特許取得件数の推移

　(出典)　具承桓「トヨタのR＆D垂直系列化と協働的研究開発システム」、京都産業
　　　　大学マネジメント研究会編『京都マネジメント・レビュー』第19号、京都
　　　　産業大学、2011年、123頁。

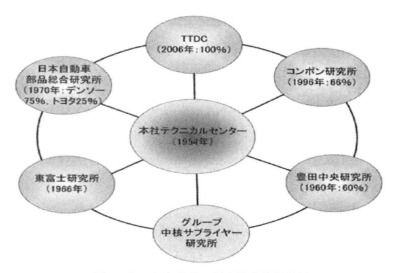

図3　トヨタ自動車の研究開発協力体制

（注1）各組織の（）内の年は設立年、％の数字はトヨタ自動車の出資比率。
（注2）日本自動車部品総合研究所は、2017年に株式会社SOKENに社名変更。
（出典）具承桓「トヨタのR＆D垂直系列化と協働的研究開発システム」、京都
　　　　産業大学マネジメント研究会編『京都マネジメント・レビュー』第19号、
　　　　京都産業大学、2011年、110頁に筆者加筆。

究所（現株式会社SOKEN）を配置している。そして互いに緊密な情報交換
と連携の下で車両や技術の研究開発を行っている。これら本社のテクニカ
ルセンターを除く6つの研究開発機関の中で、例えばコンポン研究所はト
ヨタ自動車のグループ企業12社が株主となっている。また、豊田中央研究
所は、トヨタ自動車と豊田自動織機、デンソー、トヨタ車体、トヨタ工機、
愛知製鋼、アイシン精機、豊田通商、トヨタ紡織が関わっている。さらに、
具（2011：110-111）によると、日本自動車部品総合研究所（現株式会社
SOKEN）はトヨタ自動車とデンソーが共同出資して設立されている。この
ように、トヨタ自動車は一次下請と協働で車両や技術の研究開発を行う機
関を複数持っているのである。

(2) トヨタ自動車の協豊会

　上述のように、トヨタ自動車は多くのカテゴリーに関して、多くの車種を生産している。このとき、トヨタ自動車は、それぞれの車種に使用される部品に関して、一次下請から供給を受けている。このとき、トヨタ自動車と一次下請の部品取引は継続されやすく、このような関係にある一次下請を中心にトヨタ自動車への協力会としての協豊会が組織されている。

　この協豊会には227社が加盟（2018年11月時点）しており、内訳は関東地区70社、東海地区125社、関西地区32社となっている。このとき、表1に見られるように、協豊会会員企業には関東地区で11社（地区企業の15.7％）、東海地区で36社（同28.8％）、関西地区で7社（同21.9％）の中小企業が含まれている。

　このように協豊会には中小企業が少なからず存在している。しかし、具（2011：113）によると、協豊会会員企業数は極端に増えているわけではなく、ある程度固定化されているようである。つまり、企業規模に関係なく、協豊会会員企業は、一次下請に位置する場合、トヨタ自動車と継続的取引を行っていることとなる。すなわち、継続的取引を行っていれば、それだけトヨタ自動車からリスクを吸収してもらえる可能性が高いと考えられる。

表1　協豊会会員企業の中小企業数

地域	資本金3億未満企業数	従業員数300人未満	いずれか一方を満たす企業数（中小企業数）
関東地区（70社）	8	8	11
東海地区（125社）	31	19	36
関西地区（32社）	5	4	7

　（注）従業員数が不明の企業が数社存在するが、その場合はいずれも資本金3億円未満で、中小企業に分類される
　（出典）各社ホームページ等参照

4．トヨタ自動車の下請関係におけるリコール責任の所在

（1）自動車産業におけるグローバル競争の激化とモジュール化、部品の共通化

　日本は第二次世界大戦後、高い経済成長を記録する高度経済成長期を経験するが、1970年代のオイル・ショックとドル・ショック以後、その経済成長の度合いはやや低下した。その後1990年代初頭のバブル経済崩壊によって日本経済は低成長時代に入ることになる。そのような経済の低成長化にともなう国内需要（内需）の減退に合わせて、日本企業（特に大企業）は、1980年代以降続く海外進出をさらに進め、製造業においては海外生産比率をますます高めていくこととなった。特にグローバル競争の激化の中で、日本の大企業は国外需要（外需）を取り込むことになる。さらに1997年のアジア通貨危機以降の将来の見通せない不確実性を企業が憂慮する中での賃金等のコスト抑制と相まって、図4のトヨタ自動車のように経常利益を拡大していく。このようなトヨタ自動車を含む日本の自動車の完成車メーカーの利益の大きな柱となる外需については、図5に見られるように、中国やアジア太平洋地域、南米、中東欧などの新興国市場の拡大が急速に進む形になっている。

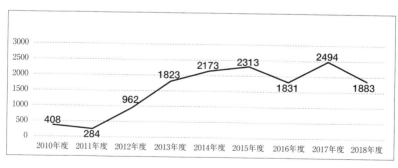

図4　トヨタ自動車の純利益の推移（単位：十億円）

　（出典）トヨタ自動車株式会社「有価証券報告書」トヨタ自動車株式会社、各年版より筆者作成。

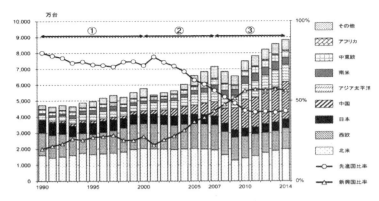

図5 世界自動車販売台数の推移

※ 「1.」において地域の括りは以下とする。
　北米：米国、カナダ、メキシコ
　西欧：ドイツ、イギリス、フランス、イタリア、スペイン、ベルギー、オランダ、オーストリア、スイス、スウェーデン
　中東欧：ロシア、トルコ、ポーランド
　日本
　中国
　アジア太平洋：インド、韓国、タイ、インドネシア、オーストラリア、イラン、サウジアラビア、マレーシア
　南米：ブラジル、アルゼンチン、チリ
　アフリカ：南アフリカ
※ 「1.」「2.」では、日本、北米、西欧をまとめて「先進国市場」、それ以外の地域をまとめて「新興国市場」と呼ぶ
（出典）蜂谷勝之、竹田真宣、古賀裕一郎、斉藤智美「特集［グローバルマーケット］世界自動車市場の変遷」、日本自動車工業会編『JAMAGAZINE』2015年8月号、日本自動車工業会、2015年、3ページ。

　このようなグローバルな市場拡大と世界各国の自動車会社の競争の激化は、世界各国の自動車会社に対してモジュール化による完成車の生産を推し進めさせた。そのとき、自動車生産の効率化という観点から、図6のように部品の共通化が推し進められた。このモジュール化とは、いくつかの品種の部品の結合体としてのモジュールの組み合わせによって顧客の求める多様な製品を作り出すようにすることである。このとき藤本（2003：315-322）によれば、ある部品が他の複数の種類の部品と構造的に統合されることが必要とされることから、モジュール化の下では部品の共通化が進むこととなる。特に、佐伯（2013：113-114）が示すように、近年の自動車のようにエレクトロニクス化が進展する中ではさらにこのモジュール化と部品の共通化は進んでいる。そして、その流れの中で、黄・南澤（2017：31）が述べているように、トヨタ自動車もTNGA（Toyota New Global Architecture）という形でこれを推し進めている。

　このモジュール化に関して、藤本・具・近能（2006：18、22、23、24、

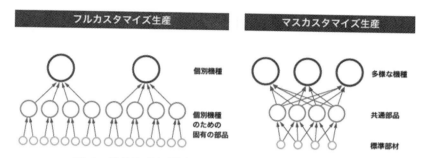

図6　製品生産に関するモジュール化と部品共通化

（出典）淵上周平「マス・カスタマイゼーションとものづくりの未来〜自動車産業の生産
　　技術を中心にマス・カスタマイゼーションの思想」、東京エレクトロン株式会社編
　　『TELESCOPE　Magazine』第5号、東京エレクトロン株式会社、2013年。
　　http://www.tel.co.jp/museum/magazine/manufacture/130920_topecs_01/02.html
　　（最終掲載確認2021年6月3日）
　　Copyrightc1996-2020 Tokyo Electron Limited, All Rights Reserved.　作成：淵上 周

26）の行った自動車産業の一次下請へのアンケート調査結果では、全体の
8割以上の一次下請がモジュール化に関心を持っているとのことであり、現
に65％以上の一次下請がモジュール化に対して開発に参加しているようで
ある。このモジュール化によって本体部分の設計が車種をまたいで共通化
され、他部品との構造的な調整の必要度が高まっていることから、開発に
際して他社との総合的なコミュニケーションの頻度が増えたとのことであ
る。他方、モジュール開発プロセスにおいては、コストと成果の配分と品
質保証が重要な課題となってきていて、とくに品質保証責任が重くなった
との認識が持たれているのである。

（2）トヨタ自動車の下請関係におけるリコール責任の所在と責任負担の理由

　上述のように、モジュール化と部品共通化の進展の中で、品質保証責任
が重くなったとの認識が持たれているが、しばしば品質に関する欠陥が露
呈し、リコールが発生している。このリコールの発生の推移を示している
のが図7である。同図を見ると、2000年代に入ってリコール届出件数が増
加し、それ以降は高い水準が維持されていることがわかるが、対象台数に

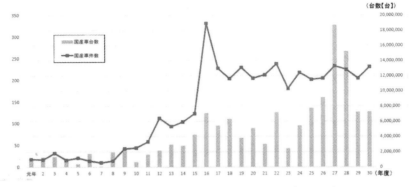

**図7　平成での日本の自動車産業の日本国内における
リコール届出件数と対象台数**

（出典）国土交通省自動車局編「各年度のリコール届出件数及び対象台数」国土交通省自動車局、2019年、3ページ。

関しては2010年代になって高い数値が維持されている。このとき、上述の
品質保証責任の重さと開発の複雑化からリコール件数は増大している。さ
らに対象台数に関しては、モジュール化と部品共通化の進展の中で、ひと
たびリコールが発生すれば対象車種の多さから対象台数も莫大な数になる
のである。また、図8で日本の完成車メーカーの日本国内におけるリコー
ルでの不具合発生原因を見ると、6割以上のケースで設計が問題でリコー
ルが発生していたことがわかる。

　では、このような状況の中で日本のピラミッド型の多階層な下請構造に
おいて、特に一次下請や二次下請では、誰がリコールの責任を負っている
のかを見ることにする。このとき、上述のように、トヨタ自動車は継続的
取引の意味合いから一次下請を中心に協豊会を有しているが、我々徳島文
理大学総合政策学部齋藤ゼミ（小笠原、岡本、沖吉、佐々木、生本、高木、
高橋、仲村、吉見、齋藤）はこの協豊会会員企業にリコール責任の所在等
についてアンケート調査を実施した。この回答の集計結果が表2である。同
表を見ると、協豊会会員企業では有効回答34社において、設問4（複数回
答可）で一次下請であるとした25社、二次下請であるとした12社のうち、
設問5（複数回答可）では一次下請でも二次下請でも7割以上が承認図・委
託図メーカーの側面を持っていることがわかる。ただし、設問6から、承

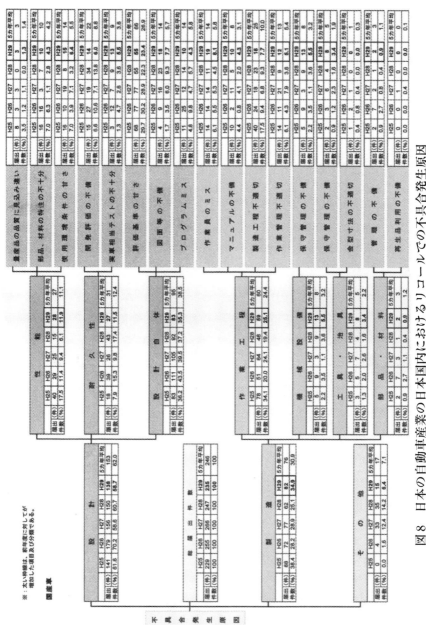

図 8　日本の自動車産業の日本国内におけるリコールでの不具合発生原因

（出典）国土交通省自動車局編「平成29年度リコール届出内容の分析結果について」国土交通省自動車局、2019年、46ページ。

表2 協豊会会員企業へのリコール責任の所在に関する アンケート調査集計結果

		回答数				参考
		1次下請	2次下請	3次下請以下	合計	地方の2次下請
設問4. 御社は下請け取引においてどの段階におられますか？		25	12	2	39	…
設問5. 御社は部品の設計図に関してどのような形態をとっておられますか？	A. 承認図	19	8	2	29	1
	B. 委託図	4	4	1	9	0
	C. 貸与図	7	3	1	11	1
	D. その他	0	1	0	1	0
設問6. 上記の設問5でAおよびBと回答された企業の方にうかがいます。設計に関して御社には自由裁量度はありますか？	A. 完全にある	3	1	0	4	0
	B. 少しある	10	4	0	14	1
	C. どちらともいえない	6	3	2	11	0
	D. あまりない	1	2	0	3	0
	E. 全くない	0	0	0	0	0
	無回答	5	2	0	7	0
設問7. 近年、資料3にあるように、リコールの件数と対象台数が増加してきています。御社は、リコールの責任をとったことがありますか？	A. 何度もある	1	1	0	2	0
	B. 少しある	4	2	0	6	1
	C. ない	19（注4）	8（注5）	1	28	0
	無回答	1	1	1	3	0
設問8. 上記の設問7でAおよびBと回答された企業の方にうかがいます。そのリコールの原因は何ですか？	A. 設計不良	2	2	0	4	1
	B. 生産不良	2	2	0	4	0
	C. その他	1	0	0	1	0
	場合による（注6）	1	1	0	2	0
	無回答	20	8	2	30	0
設問9. 上記の設問7でAおよびBと回答された企業の方にうかがいます。御社と元請のリコールの負担割合はどれくらいですか？	A. 元請が全額負担した	1（注7）	0	0	1	0
	B. 御社も負担したが、元請の方がかなり多く負担した	1（注8）	0	0	1	0
	C. 御社も負担したが、元請の方が少し多く負担した	1（注9）	1（注10）	0	2	0
	D. 御社と元請と同じ負担をした	1（注11）	1（注12）	0	2	0
	E. 元請も負担したが、御社の方が少し多く負担した		0	0	0	0
	F. 元請も負担したが、御社の方がかなり多く負担した	1（注13）	1（注14）	0	2	1（注15）
	G. 御社が全額負担した	0	0	0	0	0
	場合による（注16）	1	1	0	2	0
	無回答	19	8	2	29	0

（注1）協豊会会員企業のうち回答企業34社、回答辞退企業1社
（注2）地方の2次下請はトヨタ自動車系で、協豊会会員へのアンケートと同じものに回答
（注3）設問4と設問5の両方で複数回答3社、設問4のみで複数回答1社、設問8のみで複数回答2社
（注4）設問7でリコールの責任をとったことがないと回答した1次下請1社で、設問9で負担の大きさを回答した企業がある
（注5）設問7でリコールの責任をとったことがないと回答した2次下請1社で、設問9で負担の大きさを回答した企業がある
（注6）設問8で無回答の1次下請でもあり2次下請でもあるとした1社で、場合によるとした企業があった
（注7）設問5では委託図、設問6では完全にあると回答、設問8では無回答
（注8）設問5では承認図、設問6では少しある、設問8ではその他（材料）と回答
（注9）設問5では貸与図と回答、設問6では無回答、設問8では生産と回答
（注10）設問5では承認図、設問6では少しある、設問8では設計と回答
（注11）設問5では承認図、設問6では少しある、設問8では設計と回答
（注12）設問5では承認図、設問6では少しある、設問8では生産と回答
（注13）設問5では承認図、設問6ではあまりない、設問8では設計・生産と複数回答
（注14）設問5では承認図、設問6では少し、設問8では設計・生産と回答
（注15）設問5では承認図・貸与図、設問6では少しある、設問8では設計不良と回答
（注16）設問9で無回答の1次下請でもあり2次下請でもあるとした1社で、場合によるとした企業があった
（注17）［アンケート調査対象］協豊会会員企業227社、［アンケート調査方法］郵送による質問法
　　　　［調査日］2018年11月15日〜2019年2月6日、［アンケート票の送付数］227枚、
　　　　［回収数］35枚（うち1枚は回答辞退）、［有効回答率］15.0%

認図・委託図メーカーとなっている一次下請の多くは、元請企業から基本仕様を提示される度合いが大きく、承認図・委託図といえども設計における自由裁量度は「少しある」程度と感じている企業が多くなっている。

　また、設問7におけるリコール経験の有無については、一次下請25社の中でリコールの経験がある企業は5社（20％）、二次下請12社の中では3社（25％）となっている。さらに、リコールの発生原因は、設問8に見られるように設計を含め様々である。ただし、設問9に見られるように、リコール経験のある一次下請側5社、二次下請3社についてリコール責任に関しては、「元請企業が全額負担した」から「元請も負担したが、下請側がかなり多く負担した」まで責任の重さは広い範囲に分かれているが、元請企業と同額か、元請企業より大きな負担をしているケースが、一次下請にも二次下請にもそれぞれ1社ずつあることがわかる。

　このとき、一次下請については、同表の注7にあるように、一次下請側が委託図メーカーで、元請企業が全額リコール責任を負ったケース（原因不明）が1社あった。また、注8にあるように、一次下請側が承認図メーカーで、材料に原因があったケースにおいてトヨタ自動車側がかなり多くリコール責任を負ったケースも1社あった。さらには、注9にあるように、一次下請側が貸与図メーカーで、生産に原因があって、トヨタ自動車側が少し多くリコール責任を負ったケースが1社あった。また、注11、13にあるように、下請企業側が承認図メーカーで、設計が原因のリコールにおいて、下請企業がトヨタ自動車と同等のリコール責任を負わされているケースが1社、設計と生産が原因のリコールでトヨタ自動車よりもかなり大きなリコール責任を負わされているケースが1社あった。このように、一次下請となっている協豊会会員企業の中に、トヨタ自動車と同等かあるいはより大きなリコール責任を負わされているケースが確かにあるのである。

　このことから、下請企業が承認図・委託図メーカーである場合に、設計不良によるリコールでは、設計を主体的に行ったのは下請企業側だという理由で、トヨタ自動車と同等かそれ以上の重いリコール責任を負わされうる（さらに生産にも原因があれば責任の大きさはさらに大きくなる）という仮説を提起したい。このとき、リコール責任の負担割合については、あ

らかじめ元請企業と下請企業双方で取り決めがなされ、ガイドライン的なものがあるとのことである。以上のことから、特に図4のような純利益を拡大してきているトヨタ自動車が、図7のようなリコールの増大の中で、協豊会のような継続的取引を行っている可能性の極めて高い一次下請に対して大きなリコール責任の負担を課し、リスクを吸収していない場合がありうることは大きな意味を持つであろう。

さらに、表2では、二次下請でリコール経験があるとした3社のうち、元請企業が協豊会会員企業かどうかは不明であり、今後研究を深めていきたいが、同表の注10にあるように、二次下請側が承認図メーカーで、設計が原因のリコールにおいて、当該企業が責任を負ったものの元請企業側が少し多く責任を負担したケースが1社あった。また、注12にあるように、二次下請側が委託図メーカーで、生産が原因のリコールにおいて元請企業と同等のリコール責任を負ったケースが1社、注14にあるように、二次下請側が承認図メーカーで、設計・生産が原因のリコールにおいて、元請企業よりもかなり大きなリコール責任を負ったケースが1社あった。

ちなみに、協豊会には属していない地方のトヨタ系二次下請も、注15のように設計不良が原因のリコールで、承認図メーカーとしての立場から元請企業よりも重い責任を取らされていて、このような重いリコール責任は協豊会会員企業以外にも課されているのである。

5. モジュール化と部品共通化でのリコール責任の所在と　元請企業のリスク吸収仮説の考察

トヨタ自動車は、上述のように自動車の研究開発に関して日本の自動車の完成車メーカーの中でも最も一次下請等との協力関係を構築している。そして、一次下請等と協働で研究開発を推し進める機関を複数持っている。そのようなトヨタ自動車との緊密な関係を有している一次下請等の企業は、トヨタ自動車への協力会としての協豊会を組織していて、トヨタ自動車と継続的な取引関係を築く中で、承認図・委託図メーカーへと成長する企業がかなり多い。このとき、トヨタ自動車は、特に重要視する一次下請のリ

スクを積極的に吸収しているとする浅沼のリスク吸収仮説が提起されている。

　一方、近年グローバル競争の激化と自動車のエレクトロニクス化の中で進展するモジュール化、部品共通化によって、今日の自動車産業においてはリコールが多発している。このとき、我々齋藤ゼミの協豊会会員企業に対する調査では、回答数が少ないものの、有効回答34社のうちの一次下請25社において、委託図メーカーとなっている企業が、原因無記入のリコールで全額トヨタ自動車にリコール責任を取ってもらったケースが1社、承認図メーカーとなっている企業が、材料が原因のリコールで当該企業も少しは負ったもののトヨタ自動車にかなり大きなリコール責任を取ってもらったケースが1社あった。また、貸与図メーカーとなっている企業が、生産が原因のリコールでトヨタ自動車が少し多くリコール責任を負ったケースが1社、承認図メーカーとなっている企業が、設計が原因でトヨタ自動車と同等のリコール責任を負ったケースが1社、設計・生産が原因でトヨタ自動車よりももっと大きなリコール責任を負ったケースが1社あった。回答数の少なさに関しては今後の研究課題とさせていただきたいが、トヨタ自動車と同等かより大きなリコール責任を負っている例が確かにあるのである。そのことから、設計不良が原因でリコールが発生したケースにおいて、設計に自由裁量度が必ずしも高くないにも関わらず、協豊会会員企業の一次下請は、承認図・委託図メーカーであることを理由に、リコールに対するトヨタ自動車と同等かそれ以上の重い責任を負わされうる（生産にも原因があれば、その責任はより重くなりうる）という仮説を提起したい。この仮説の検証は今後の研究課題としたいが、本来最も継続的取引が行われやすく、リスク吸収を受けやすい立場の協豊会会員企業に対して、トヨタ自動車は場合によってはリスクを吸収するどころか自社よりももっと大きな責任を課すことがありえるのである。そのことから考えても、モジュール化と部品共通化は、浅沼のリスク吸収仮説とは異なる状況を一部生み出していると考えられる。

引用文献

浅沼萬里『日本の企業組織　革新的適応のメカニズム』東洋経済新報社、1997年。

有田辰男『中小企業論―歴史・理論・政策』新評論、1997年。

伊藤進「自動車大量リコール問題に関する考察―米国でのトヨタ自動車大量リコール問題に焦点をあてて―」、京都産業大学マネジメント研究会編『京都マネジメント・レビュー』第20号、京都産業大学、2012年、20-21、29-30頁。

伊藤進「リコール問題大型化と利益への影響―米国トヨタ自動車の2009年11月～2010年2月に至る大量リコールに焦点をあてて―」、京都産業大学マネジメント研究会編『京都マネジメント・レビュー』第22号、京都産業大学、2013年、8-13頁。

植松忠博「戦後日本経済の足跡」、植松忠博・小川一夫編著『現代世界経済叢書第1巻　日本経済論』ミネルヴァ書房、2004年。

黄磷・南澤裕一郎「日本自動車産業における新モジュール化がもたらす企業間関係の変化」、神戸大学経済経営学会国民経済雑誌編集委員会編『国民経済雑誌』第215巻第5号、神戸大学経済経営学会、2017年、31頁。

柿野欽吾「わが国経済と中小企業」、車戸實編『基本経営学全集12　中小企業論』八千代出版、1991年。

カール・E・ワイク、キャスリーン・M・サトクリフ著、中西晶監訳、杉原大輔ほか高信頼性組織研究会訳『想定外のマネジメント―高信頼性組織とは何か―〔第3版〕』文眞堂、2018年。

具承桓「トヨタのR＆D垂直系列化と協働的研究開発システム」、京都産業大学マネジメント研究会編『京都マネジメント・レビュー』第19号、京都産業大学、2011年、110、113、123頁。

国土交通省自動車局編「各年度のリコール届出件数及び対象台数」国土交通省自動車局、2019年。

国土交通省自動車局編「平成29年度リコール届出内容の分析結果について」国土交通省自動車局、2019年。

佐伯靖雄「自動車の電動化・電子化が駆動する標準化」、立命館大学BKC社系研究機構・社会システム研究所紀要編集委員会編『社会システム研究』第27号、立命館大学BKC社系研究機構・社会システム研究所、2013年、113-114頁。

中小企業庁編『中小企業白書』昭和55年版、中小企業庁、1980年。

十名直喜『企業不祥事と日本的経営』晃洋書房、2019年。

トヨタ自動車編「有価証券報告書」トヨタ自動車、各年版。

長谷川泰隆「リコールコスト論への一里塚―70年代の米国と近年のわが国に見る自動車リコール届出状況からのフィードバック―」麗澤大学経済学会編『麗澤経済研究』第15巻第1号、麗澤大学経済学会、2007年、98-102頁。

蜂谷勝之・竹田真宣・古賀裕一郎・斉藤智美「特集［グローバルマーケット］世界自動車市場の変遷」、日本自動車工業会編『JAMAGAZINE』2015年8月号、日本

自動車工業会、2015年、3頁。

日野三十四「特集　守れ、品質の誇り　品質保証と部品共通化の両立を目指せ」、日経BPマーケティング編『日経ものづくり』2010年4月号、日経BPマーケティング、2010年、58-59頁。

藤本隆宏『マネジメント・テキスト　生産マネジメント入門［I］―生産システム編―』日本経済新聞社、2003年。

藤本隆宏『生産システムの進化論　トヨタ自動車にみる組織能力と創発プロセス』有斐閣、1997年。

藤本隆宏・具承桓・近能善範「自動車部品産業における取引パターンの発展と変容―1次部品メーカーへのアンケート調査結果を中心に―」、東京大学21世紀COEものづくり経営研究センター編『MMRC Discussion Paper No.85』東京大学21世紀COEものづくり経営研究センター、2006年、6、18、22、23、24、26頁。

淵上周平「マス・カスタマイゼーションとものづくりの未来」、東京エレクトロン株式会社編『TELESCOPE　Magazine』第5号、東京エレクトロン株式会社、2013年。

http://www.tel.co.jp/museum/magazine/manufacture/130920_topecs_01/02.html

Copyrightc1996-2020 Tokyo Electron Limited, All Rights Reserved.　作成：淵上 周平

吉田栄介「高品質と低コストのジレンマ：自動車リコール原因分析による考察」、慶應義塾大学商学部編『三田商学研究』第49巻第7号、慶應義塾大学出版会、2007年、52-59頁。

（さいとう　あつし／徳島文理大学）

ドイツ大銀行の企業間人的結合の史的分析
——ドイツ銀行の役員兼任と監査役兼任ネットワーク——

山 崎 敏 夫

1. 問題の所在

　現代の大企業は、単独で意思決定し行動するのではなく、業務上の関係、資本関係や人的結合関係などのさまざまな方法によって企業間関係という相互依存、相互作用のなかで協調関係を築き、それを生かしながら経営を展開している。こうした企業間関係の基軸をなすものが、人的結合を介した接触、やりとりである。なかでも、トップ・マネジメント機関のメンバーである役員の兼任による人的結合は、企業の戦略的意思決定のための情報ルートをなすものであるがゆえに、企業間関係の重要な手段をなす。このような人的結合による産業と銀行の間や産業企業間の緊密な協調関係の構築という現象は、各国に共通してみられるものであり、各国資本主義の蓄積構造の基軸をなすものとなってきた。

　主要国のなかでも、ドイツでは、他の諸国との比較では企業間関係の相互作用の仕方が異なっており、それが特別なかたちと意味をもって構築されてきた。同国では、監査役会と取締役会から成る二層制のトップ・マネジメント機構のもとで、またユニバーサル・バンク制度のもとでの銀行による寄託議決権の行使に基づいて、監査役会での役員兼任による人的結合が広範に展開されてきた。兼任関係の成立している企業との間での情報の交換・共有は、それに基づくある案件や経営上の問題をめぐっての認識の共通化を促しうるものであり、企業間の利害や種々のコンフリクトが市場競争よりはむしろ協議において調整されうる基盤をなすものである。

　社会経済システムとしてみると、P.A.ホールとD.ソスキスが指摘するよ

うに、ドイツは、日本と同様に、「制度的枠組みが企業間および企業・従業員間のコーディネーションの多くを市場の外で可能にする市場経済」であるが、企業間関係システムは、市場経済におけるそのような調整システムの根幹のひとつをなすものである[1]。こうした資本主義システムは、競争構造、企業の行動様式、蓄積構造とも深く関係するものである。

　しかし、1990年代以降には、産業と銀行の関係という点では、ハウスバンクのパラダイムから投資銀行のそれへのドイツの大銀行の変化、アングロ・アメリカ的なより高い透明性の確保の傾向による内部的なモニタリングの利点の減少、金融の国際化にともなう信用の供与をめぐる大きな変化による企業に対する銀行の支配力の低下、企業に対するモニタリングの動機の弱まりなどのもとで、銀行による産業企業の監査役会のポストへの派遣・兼任の減少がみられるようになった[2]。2010年以降にはドイツの企業ネットワークのほぼ完全な解体がおこっているとする指摘もみられる[3]。

　産業と銀行の間の関係をめぐっては、両者の独占的資本の融合・癒着による「金融資本」という資本形態の存在[4]が指摘されてきた。そのような関係は融資、株式所有、交互計算業務、役員の派遣・兼任による人的結合などの手段によって築かれてきたが、ドイツでは、監査役会での役員の派遣・兼任は、産業と銀行の間の調整をとおして両者の利害が統一化された形で実現されるための重要な手段をなしてきた。

　役員兼任による人的結合の主要な形態は、監査役会や取締役会のメンバーである役員による他社の監査役会での兼任の構造であり、それには、直接兼任と間接兼任がある。直接兼任は、ある企業の監査役会や取締役会というトップ・マネジメント機関のメンバーが他社の同様の機関においてポストを保有することによって成立するものである。また間接兼任にはいくつかの類型がありうるが、その代表的なものとしては、直接兼任関係が成立していない異なる複数の企業の役員が同一の他社の監査役会あるいは取締役会においてポストを保有することによって兼任先の会社においてこれらの企業間で人的結合関係が成立するというものである。役員兼任による人的結合のいまひとつの重要な問題領域として、役員兼任による人的ネットワークの構造がある。ある企業A社の監査役会メンバーが他社であ

るB社の監査役会において直接兼任の関係を有しており、さらにB社の監査役会メンバーによる異なる企業C社の監査役会ポストの兼任というかたちが成立しているとき、A社とB社という2社間の人的結合のレベルを超えて、A社をめぐる企業間の人的ネットワークが成立することになる。複数の企業が役員兼任のような人的結合のラインで結びつけられると、「距離」の概念が生じるが[5]、このネットワークの起点となる企業であるA社からみて「A社→B社」を「距離1」、「B社→C社」を「距離2」としてとらえると、「距離2」の範囲でのA社をめぐる企業間の人的ネットワークが成立することになる。このようなケースでは、人的結合による情報の交換・共有のシステムは一層の広がりを示し、人的ネットワークは、情報フロー・メディアとしての重要な機能を果たすことになり、人的結合の意義はさらに大きなものとなる。

　ドイツにおける役員兼任による企業間の人的結合、人的ネットワークについては、多くの重要な研究成果がみられる。しかし、ドイツ資本主義の主要業種・産業における代表的企業の人的結合関係の個別具体的なケースに基づいた分析は少ない。人的ネットワークを定量的に分析した研究が一部でみられるが、役員の直接兼任と人的ネットワークの構造をトータルに、かつ歴史的に分析した研究成果は皆無に近い[6]。そこで、本稿では、ドイツの最大の銀行であるドイツ銀行の企業間人的結合について、役員による直接兼任の構造とともに、「距離2」の範囲で形成される監査役兼任ネットワークの構造の歴史的分析を行い、人的結合に基づく産業・銀行間関係のドイツ的特質と意義の解明を試みる。

　ドイツ銀行の役員による直接兼任構造については、①独占資本主義への移行期（20世紀初頭）、②ワイマル期（第1次大戦後のインフレーション期）、③ナチス期（1930年代半ば頃）、④1965年株式法以前の第2次大戦後の時期（1950年代末）、⑤1965年株式法以後の時期（1960年代末）、⑥2020年代初頭の直近の時期（2021年）の6つの時期を取り上げる。また監査役兼任ネットワークの構造については、第2次大戦前の時期としてナチス期の1930年代半ばの状況を、戦後の時期としては1965年株式法後の時期である1960年代末の状況を考察する。第2次大戦後の戦勝国の占領政策によ

る大企業の解体と1950年代以降の再結合による産業集中体制の再編の後、
1965年株式法によって1人の人物の保有可能な監査役ポスト数が制限され
る[7]なかで、監査役会での役員兼任の条件の大きな変化のもとで、60年代
末には戦後ドイツの基本型が生み出されることになった。それがその後に
受け継がれ、大きな変化がみられるようになる1990年代初頭まで長く維持
されてきた。第2次大戦後の監査役兼任ネットワークの分析にあたりその
対象となる時期を1960年代末としているのは、このような理由による。

2. 分析の方法と視点

つぎに、分析の方法と視点についてみると、役員による直接兼任構造の
解明にあたっては、ドイツ銀行の役員である監査役会と取締役会のメン
バーがいかなる産業のどのような企業と監査役会のいかなる職位のポスト
でもって兼任関係を築いていたのかという点の分析を行う。そのさい、2
件以上のポストでもって兼任を行っていたケースにも着目して分析を行い、
人的結合による企業間の関係の強さを把握する。
また監査役兼任ネットワークについては、社会的ネットワーク分析の方
法に基づいてその構造の解明を試みる。この分析手法では、「密度」と「中
心性」という2つの概念がキーをなす。「密度」とは、企業間関係のつなが
り（全体構造）の凝集性の強さを測定する指標であり、それは、ありうる
人的結合の連結数（ライン総数）に対する実際の連結数（ライン数）の割
合で示される。すなわち、実際の連結数を可能な連結数で除したものがそ
れであり、計算式としては、実際の連結数をL、ネットワークの規模を示
す頂点数（構成企業の数）をnとすると、可能な連結数はn(n-1)÷2となる
ので、密度＝L÷n(n-1)/2という式で表される。一方、「中心性」は、企業
間関係のつながり（構造）のなかである単独の企業がどれだけ多くの他の
企業とのつながりがあるかを示す指標であり、兼任の成立している企業数
を意味する「隣接度」という指標によって計測される。「中心性」の高い企
業はネットワークのなかでの情報入手の可能性が広がることから、中心的
な位置を占める企業はどの企業であり、いかなる業種・産業の企業である

のかという点の把握によって、ネットワークの情報フロー・メディアにおいて結節点として重要な位置を占める企業とそれの属する業種・産業の特定が可能となる。「密度」はネットワークを形成している企業の全体構造、その性格（まとまりぐあい）を示すのに対して、「中心性」はネットワークのなかでの中心・中核をなすのはどの企業であるのか、すなわち、個々の企業の重みを明らかにするものである[8]。

3. ドイツ銀行役員の直接兼任構造

20世紀初頭の独占資本主義への移行期——まずドイツ銀行役員による他社の監査役会での直接兼任の構造をみると（**表1参照**）、20世紀初頭の独占資本主義への移行期には、そのような兼任は188社において合計241件みられた。産業別の内訳では、炭鉱業が16社で18件、鉄鋼業が9社で10件、金属産業・金属加工業が7社で8件、化学産業が11社で11件、電機産業が5社で11件、自動車産業が3社で4件、機械産業が11社で12件、石油産業が6社で9件、繊維・紡績・織物産業が6社で7件、醸造業が9社で10件、流通業が1社で1件、銀行業が31社で47件、保険業が14社で21件、電力業・ガス産業・エネルギー産業が8社で10件、交通業が19社で26件、その他の産業が32社で36件となっていた。ドイツ銀行と同業種の銀行業や金融部門に属する保険業のほか、炭鉱業、鉄鋼業、化学産業、電機産業、機械産業など製造業の基幹産業である重化学工業部門や交通業において多くの兼任関係が成立していた。

職位別にみると、監査役会会長のポストによる兼任は67社で69件となっており、炭鉱業が2社で2件、鉄鋼業が1社で1件、金属産業・金属加工業が3社で3件、化学産業が4社で4件、電機産業が1社で1件、自動車産業が1社で1件、機械産業が4社で4件、石油産業が4社で4件、繊維・紡績・織物産業が2社で2件、醸造業が6社で6件、流通業が1社で1件、銀行業が11社で11件、保険業が8社で10件、電力・ガス産業・エネルギー産業が1社で1件、交通業が7社で7件、その他の産業が11社で11件であった。監査役会副会長のポストによる兼任は21社で21件となっており、炭鉱業

表1 独占資本主義への移行期のドイツ銀行役員（監査役会・取締役会のメンバー）による他社の監査役会における直接兼任

産業 ＼ 兼任職位	監査役会会長	監査役会副会長	監査役	監査役会の職位全体※)	うち2件以上の兼任のケース
炭　鉱　業	2社2件	1社1件	15社15件	16社18件	2社4件
鉄　鋼　業	1社1件	3社3件	6社6件	9社10件	1社2件
金属産業・金属加工業	3社3件	——	5社5件	7社8件	1社2件
化　学　産　業	4社4件	1社1件	6社6件	11社11件	
電　機　産　業	1社1件	2社2件	4社8件	5社11件	2社8件
自　動　車　産　業	1社1件	2社2件	1社1件	3社4件	1社2件
機　械　産　業	4社4件	1社1件	7社7件	11社12件	1社2件
石　油　産　業	4社4件		4社5件	6社9件	2社5件
繊維・紡績・織物産業	2社2件	1社1件	4社4件	6社7件	1社2件
醸　造　業	6社6件	2社2件	2社2件	9社10件	1社2件
流　通　業	1社1件	——		1社1件	——
銀　行　業	11社11件	4社4件	22社32件	31社47件	9社25件
保　険　業	8社10件	1社1件	6社10件	14社21件	7社14件
電力業・ガス産業・エネルギー産業	1社1件	1社1件	6社8件	8社10件	2社4件
交　通　業	7社7件	1社1件	14社18件	19社26件	5社12件
その他の産業	11社11件	1社1件	22社24件	32社36件	4社8件
全　産　業	67社69件	21社21件	124社151件	188社241件	39社92件

（注）：※）　2件以上の兼任ポストがある企業が存在するため、兼任のみられる企業全体の数は各職位別の企業数の合計と一致しない場合がある。

（出所）：H. Arends, C. Mossner（Hrsg.）, *Adressbuch der Direktoren und Aufsichtsrats-Mitglieder der Aktien-Gesellschaften 1908*, Jahrgang 1908, Finanz-Verlag, Berlin, Deutsche Bank, *Geschäfts-bericht*,各年度版, *Handbuch der deutschen Aktien-Gesellschaften*, 各年度版を基に筆者作成。

が1社、鉄鋼業が3社、化学産業が1社、電機産業が2社、自動車産業が2社、機械産業が1社、繊維・紡績・織物産業が1社、醸造業が2社、銀行業が4社、保険業が1社、電力業・ガス産業・エネルギー産業が1社、交通業が1社、その他の産業が1社であり、各社1件であった。監査役のポストによる兼任は124社で151件となっており、炭鉱業が15社で15件、鉄鋼業が6社で6件、金属産業・金属加工業が5社で5件、化学産業が6社で6件、電

機産業が4社で8件、自動車産業が1社で1件、機械産業が7社で7件、石油産業が4社で5件、繊維・紡績・織物産業が4社で4件、醸造業が2社で2件、銀行業が22社で32件、保険業が6社で10件、電力業・ガス産業・エネルギー産業が6社で8件、交通業が14社で18件、その他の産業が22社で24件であった。

2件以上の兼任関係が成立していたケースは、39社において92件みられた。炭鉱業では2社で4件、鉄鋼業では1社で2件、金属産業・金属加工業では1社で2件、電機産業では2社で8件、自動車産業では1社で2件、機械産業では1社で2件、石油産業では2社で5件、繊維・紡績・織物産業では1社で2件、醸造業では1社で2件、銀行業では9社で25件、保険業では7社で14件、電力業・ガス産業・エネルギー産業では2社で4件、交通業では5社で12件、その他の産業では4社で8件となっていた。

第1次大戦後のインフレーション期——第1次大戦後のインフレーション期におけるドイツ銀行役員による兼任（**表2参照**）は、456社において合計580件みられた。産業別にみると、炭鉱業が35社で47件、鉄鋼業が26社で35件、金属産業・金属加工業が10社で14件、化学産業が34社で40件、電機産業が15社で19件、自動車産業が4社で5件、機械産業が45社で58件、精密機械産業・光学産業が4社で4件、造船業が5社で6件、石油産業が6社で7件、食品産業が3社で3件、繊維・紡績・織物産業が16社で16件、醸造業が22社で23件、流通業が6社で7件、銀行業が45社で79件、保険業が32社で40件、電力業・ガス産業・エネルギー産業が21社で26件、交通業が38社で49件、その他の産業が89社で102件であった。ドイツ銀行と同業種の銀行業や金融部の保険業のほか、炭鉱業、鉄鋼業、化学産業、電機産業、機械産業、交通業において多くの企業との直接兼任が成立しており、ドイツ製造業の基幹産業である重化学工業部門との関係が強かった。独占資本主義への移行期である20世紀初頭の時期の188社において241件と比べると、兼任のみられた企業数も件数も2倍以上となっている。

職位別にみると、監査役会会長のポストによる兼任は合計135社で136件となっており、炭鉱業が9社で9件、鉄鋼業が6社で6件、金属産業・金属

加工業が2社で2件、化学産業が9社で9件、電機産業が6社で6件、自動車産業が3社で3件、機械産業が13社で13件、精密機械産業・光学産業が1社で1件、造船業が1社で1件、石油産業が1社で1件、食品産業が2社で2件、繊維・紡績・織物産業が5社で5件、醸造業が9社で9件、流通業が3社で3件、銀行業が17社で17件、保険業が4社で4件、電力・ガス産業・エネルギー産業が4社で4件、交通業が12社で13件、その他の産業が28社で28件であった。監査役会副会長のポストによる兼任は合計61社で62件となっており、炭鉱業が7社で7件、鉄鋼業が5社で5件、金属産業・金属加工業が2社で2件、化学産業が3社で3件、電機産業が1社で1件、機械産業が10社で10件、石油産業が1社で1件、繊維・紡績・織物産業が2社で2件、醸造業が2社で2件、流通業が1社で1件、銀行業が4社で4件、保険業が4社で4件、電力業・ガス産業・エネルギー産業が3社で3件、交通業が2社で2件、その他の産業が14社で15件であった。監査役のポストによる兼任は合計315社で382件となっており、炭鉱業が28社で31件、鉄鋼業が20社で24件、金属産業・金属加工業が8社で10件、化学産業が25社で28件、電機産業が11社で12件、自動車産業が2社で2件、機械産業が26社で35件、精密機械産業・光学産業が3社で3件、造船業が4社で5件、石油産業が5社で5件、食品産業が1社で1件、繊維・紡績・織物産業が9社で9件、醸造業が12社で12件、流通業が3社で3件、銀行業が34社で58件、保険業が27社で32件、電力業・ガス産業・エネルギー産業が17社で19件、交通業が28社で34件、その他の産業が52社で59件であった。独占資本主義への移行期である20世紀初頭と比較すると、監査役会会長、副会長、監査役のポストによる兼任は、それぞれ約2倍、約3倍、約2.5倍となっている。

　2件以上の兼任関係が成立していたケースは、83社において207件みられた。炭鉱業では9社で21件、鉄鋼業では5社で14件、金属産業・金属加工業では3社で7件、化学産業では6社で12件、電機産業では4社で9件、自動車産業では1社で2件、機械産業では8社で20件、造船業では1社で2件、石油産業では1社で2件、醸造業では1社で2件、流通業では1社で2件、銀行業では15社で49件、保険業では7社で15件、電力業・ガス産業・エネルギー産業では4社で9件、交通業では6社で17件、その他の産業で

表2 第1次大戦後のインフレーション期のドイツ銀行役員（監査役会・取締役会のメンバー）による他社の監査役会における直接兼任

産業 ＼ 兼任職位	監査役会会長	監査役会副会長	監査役	監査役会の職位全体※）	うち2件以上の兼任のケース
炭 鉱 業	9社9件	7社7件	28社31件	35社47件	9社21件
鉄 鋼 業	6社6件	5社5件	20社24件	26社35件	5社14件
金属産業・金属加工業	2社2件	2社2件	8社10件	10社14件	3社7件
化 学 産 業	9社9件	3社3件	25社28件	34社40件	6社12件
電 機 産 業	6社6件	1社1件	11社12件	15社19件	4社9件
自 動 車 産 業	3社3件	——	2社2件	4社5件	1社2件
機 械 産 業	13社13件	10社10件	26社35件	45社58件	8社20件
精密機械産業・光学産業	1社1件	——	3社3件	4社4件	——
造 船 業	1社1件	——	4社5件	5社6件	1社2件
石 油 産 業	1社1件	1社1件	5社5件	6社7件	1社2件
食 品 産 業	2社2件		1社1件	3社3件	——
繊維・紡績・織物産業	5社5件	2社2件	9社9件	16社16件	——
醸 造 業	9社9件	2社2件	12社12件	22社23件	1社2件
流 通 業	3社3件	1社1件	3社3件	6社7件	1社2件
銀 行 業	17社17件	4社4件	34社58件	45社79件	15社49件
保 険 業	4社4件	4社4件	27社32件	32社40件	7社15件
電力業・ガス産業・エネルギー産業	4社4件	3社3件	17社19件	21社26件	4社9件
交 通 業	12社13件	2社2件	28社34件	38社49件	6社17件
その他の産業	28社28件	14社15件	52社59件	89社102件	11社24件
全 産 業	135社136件	61社62件	315社382件	456社580件	83社207件

（注）：※） 2件以上の兼任ポストがある企業が存在するため、兼任のみられる企業全体の数は各職位別の企業数の合計と一致しない場合がある。

（出所）：H.Arendt, C.Mossner（Hrsg.）, *Adressbch der Direktoren und Aufsichtsräte 1922*, Finanz-Verlag-Gesellschaft, Berlin, 1922, Deutsche Bank, *Geschäftsbericht*, 各年度版, *Handbuch der deutschen Aktien-Gesellschaften*, 各年度版を基に筆者作成。

は11社で24件となっていた。独占資本主義への移行期である20世紀初頭の時期（39社において92件）との比較では、かなり多くなっている。

　1930年代半ばのナチス期——またナチス期の1930年代半ばの状況をみると（**表3参照**）、ドイツ銀行役員による他社の監査役会での兼任は、340社において合計415件みられた。産業別の内訳をみると、炭鉱業が33社で44件、鉄鋼業が25社で33件、金属産業・金属加工業が14社で17件、化学産業が43社で49件、電機産業が13社で19件、自動車産業が4社で6件、機械産業が34社で43件、精密機械産業・光学産業が2社で2件、造船業が1社で1件、石油産業が2社で2件、食品産業が1社で1件、繊維・紡績・織物産業が12社で13件、醸造業が9社で9件、流通業が11社で11件、銀行業が24社で35件、保険業が28社で34件、電力業・ガス産業・エネルギー産業が31社で36件、交通業が15社で16件、その他の産業が38社で44件であった。ドイツ銀行にとって同業種である銀行業や金融部門の保険業以外では、炭鉱業、鉄鋼業、化学産業、機械産業、電力業・ガス産業・エネルギー産業など、製造業の基幹産業である重化学工業部門との関係がとくに強かったといえる。第1次大戦後のインフレーション期の456社において580件と比べると、企業数も件数もかなり少なくなっている。

　職位別にみると、監査役会会長のポストによる兼任は合計97社で98件となっており、炭鉱業が10社で10件、鉄鋼業が10社で10件、金属産業・金属加工業が3社で3件、化学産業が13社で13件、電機産業が4社で4件、自動車産業が4社で4件、機械産業が15社で15件、石油産業が1社で1件、食品産業が1社で1件、繊維・紡績・織物産業が2社で2件、醸造業が3社で3件、流通業が2社で2件、銀行業が5社で5件、保険業が6社で6件、電力・ガス産業・エネルギー産業が4社で4件、交通業が6社で6件、その他の産業が8社で9件であった。監査役会副会長のポストによる兼任は51社で51件となっており、炭鉱業が7社、鉄鋼業が7社、金属産業・金属加工業が1社、化学産業が6社、電機産業が3社、自動車産業が2社、機械産業が4社、繊維・紡績・織物産業が2社、醸造業が1社、銀行業が6社、保険業が4社、電力業・ガス産業・エネルギー産業が4社、交通業が2社、その他の産業が2社であり、各社1件であった。監査役のポストによる兼任は225社で266件となっており、炭鉱業が19社で27件、鉄鋼業が12社で16件、金属産業・金属加工業が11社で13件、化学産業が27社で30件、電機

表3 ナチス期のドイツ銀行役員（監査役会・取締役会のメンバー）
による他社の監査役会における直接兼任

兼任職位／産業	監査役会会長	監査役会副会長	監査役	監査役会の職位全体※）	うち2件以上の兼任のケース
炭 鉱 業	10社10件	7社7件	19社27件	33社44件	7社18件
鉄 鋼 業	10社10件	7社7件	12社16件	25社33件	5社13件
金属産業・金属加工業	3社3件	1社1件	11社13件	14社17件	2社5件
化 学 産 業	13社13件	6社6件	27社30件	43社49件	6社12件
電 機 産 業	4社4件	3社3件	9社12件	13社19件	5社11件
自 動 車 産 業	4社4件	2社2件	—	4社6件	2社4件
機 械 産 業	15社15件	4社4件	20社24件	34社43件	6社15件
精密機械産業・光学産業	—	—	2社2件	2社2件	—
造 船 業	—	—	1社1件	1社1件	—
石 油 産 業	1社1件	—	1社1件	2社2件	—
食 品 産 業	1社1件	—	—	1社1件	—
繊維・紡績・織物産業	2社2件	2社2件	9社9件	12社13件	1社2件
醸 造 業	3社3件	1社1件	5社5件	9社9件	—
流 通 業	2社2件	—	9社9件	11社11件	—
銀 行 業	5社5件	6社6件	18社24件	24社35件	7社18件
保 険 業	6社6件	4社4件	21社24件	28社34件	5社11件
電力業・ガス産業・エネルギー産業	4社4件	4社4件	25社28件	31社36件	5社10件
交 通 業	6社6件	2社2件	8社8件	15社16件	1社2件
その他の産業	8社9件	2社2件	28社33件	38社44件	5社11件
全 産 業	97社98件	51社51件	225社266件	340社415件	57社132件

（注）：※） 2件以上の兼任ポストがある企業が存在するため、兼任のみられる企業全体の数は各職位別の企業数の合計と一致しない場合がある。

（出所）：J.Mossner（Hrsg.）, *Adressbuch der Direktoren und Aufsichtsräte 1936*, Bd. I , Nach Personen geordnet, Finanz-Verlag, Berlin, 1936, Deutsche Bank und Disconto-Gesellschaft, *Geschäfts-bericht*, 各年度版、*Handbuch der deutschen Aktien-Gesellschaften*、各年度版を基に筆者作成。

産業が9社で12件、機械産業が20社で24件、精密機械産業・光学産業が2社で2件、造船業が1社で1件、石油産業が1社で1件、繊維・紡績・織物産業が9社で9件、醸造業が5社で5件、流通業が9社で9件、銀行業が18

社で24件、保険業が21社で24件、電力業・ガス産業・エネルギー産業が25社で28件、交通業が8社で8件、その他の産業が28社で33件であった。第1次大戦後のインフレーション期との比較では、監査役会の会長、副会長、監査役のいずれのポストでの兼任をみても、企業数も件数も少ない。

　2件以上の兼任関係が成立していたケースは、57社において132件みられた。炭鉱業では7社で18件、鉄鋼業では5社で13件、金属産業・金属加工業では2社で5件、化学産業では6社で12件、電機産業では5社で11件、自動車産業では2社で4件、機械産業では6社で15件、繊維・紡績・織物産業では1社で2件、銀行業では7社で18件、保険業では5社で11件、電力業・ガス産業・エネルギー産業では5社で10件、交通業では1社で2件、その他の産業では5社で11件となっていた。第1次大戦後のインフレーション期（83社において207件）と比べると、そのような兼任が成立していた企業数も件数も少なかったが、件数ではその差は一層大きかった。

　1965年株式法以前の1950年代末の時期──さらに第2次大戦後の状況をみると、1965年株式法以前の1950年代末の時期（**表4参照**）には、ドイツ銀行役員による他社の監査役会での兼任は、306社において合計372件みられた。産業別の内訳をみると、炭鉱業が24社で31件、鉄鋼業が30社で38件、金属産業・金属加工業が9社で13件、化学産業が34社で44件、電機産業が17社で24件、自動車産業が8社で8件、機械産業が25社で31件、精密機器産業・光学産業が1社で1件、造船業が4社で4件、石油産業が4社で5件、食品産業が2社で2件、繊維・紡績・織物産業が24社で26件、醸造業が8社で8件、流通業が7社で7件、銀行業が23社で31件、保険業が24社で30件、電力業・ガス産業・エネルギー産業が5社で6件、交通業が11社で11件、その他の産業が46社で52件であった。金融部門である銀行業や保険業以外では、繊維・紡績・織物産業や炭鉱業のほか、鉄鋼業、化学産業、電機産業、機械産業といった基幹産業である重化学工業部門において多くの企業との兼任関係が成立していた。兼任のみられた企業数と件数は、第1次大戦後のインフレーション期（456社において580件）を大きく下回っている。ナチス期（340社において415件）との比較でみると、

企業数ではあまり大きな差はなかったが、件数では差はより大きかった。

　職位別にみると、監査役会名誉会長のポストによる兼任は1社で1件みられたが、それは鉄鋼業の企業であった。監査役会会長のポストによる兼任は合計134社で134件となっており、炭鉱業が15社、鉄鋼業が11社、金属産業・金属加工業が2社、化学産業が13社、電機産業が9社、自動車産業が6社、機械産業が14社、造船業が1社、石油産業が2社、繊維・紡績・織物産業が10社、醸造業が3社、流通業が3社、銀行業が10社、保険業が7社、電力業・ガス産業・エネルギー産業が5社、交通業が3社、その他の産業が20社であり、各社1件であった。監査役会副会長のポストによる兼任は合計76社で78件となっており、鉄鋼業が11社で11件、金属産業・金属加工業が5社で5件、化学産業が5社で6件、電機産業が6社で6件、機械産業が3社で3件、精密機械産業・光学産業が1社で1件、造船業が2社で2件、石油産業が3社で3件、食品産業が2社で2件、繊維・紡績・織物産業が7社で7件、醸造業が1社で1件、流通業が1社で1件、銀行業が10社で11件、保険業が7社で7件、交通業が4社で4件、その他の産業が8社で8件であった。監査役のポストによる兼任は合計136社で159件となっており、炭鉱業が11社で16件、鉄鋼業が13社で15件、金属産業・金属加工業が4社で6件、化学産業が21社で25件、電機産業が6社で9件、自動車産業が2社で2件、機械産業が13社で14件、造船業が1社で1件、繊維・紡績・織物産業が9社で9件、醸造業が4社で4件、流通業が3社で3件、銀行業が9社で10件、保険業が13社で16件、電力業・ガス産業・エネルギー産業が1社で1件、交通業が4社で4件、その他の産業が22社で24件であった。監査役会会長のポストによる兼任では、企業数と件数は第1次大戦後のインフレーション期（135社において136件）の水準とほぼ同じであったのに対して、ナチス期（97社において98件）との比較では多くなっていた。監査役会副会長のポストによる兼任では、企業数と件数のいずれも第1次大戦後のインフレーション期とナチス期の水準よりも多くなっていた。

　その一方で、監査役のポストによる兼任では、企業数と件数のいずれでみても第1次大戦後のインフレーション期とナチス期の水準よりはかなり少なかった。

表4　1965年株式法以前の1950年代のドイツ銀行役員（監査役会・取締役会のメンバー）による他社の監査役会における直接兼任

産業 ＼ 兼任職位	監査役会名誉会長	監査役会会長	監査役会副会長	監査役	監査役会の職位全体※)	うち2件以上の兼任のケース
炭 鉱 業	——	15社15件		11社16件	24社31件	4社11件
鉄 鋼 業	1社1件	11社11件	11社11件	13社15件	30社38件	6社14件
金属産業・金属加工業		2社2件	5社5件	4社6件	9社13件	3社7件
化 学 産 業		13社13件	5社6件	21社25件	34社44件	8社18件
電 機 産 業		9社9件	6社6件	6社9件	17社24件	3社10件
自 動 車 産 業		6社6件		2社2件	8社8件	
機 械 産 業		14社14件	3社3件	13社14件	25社31件	5社11件
精密機械産業・光学産業			1社1件		1社1件	
造 船 業		1社1件	2社2件	1社1件	4社4件	
石 油 産 業		2社2件	3社3件		4社5件	1社2件
食 品 産 業			2社2件		2社2件	
繊維・紡績・織物産業		10社10件	7社7件	9社9件	24社26件	2社4件
醸 造 業		3社3件	1社1件	4社4件	8社8件	
流 通 業		3社3件	1社1件	3社3件	7社7件	
銀 行 業		10社10件	10社11件	9社10件	23社31件	6社14件
保 険 業		7社7件	7社7件	13社16件	24社30件	4社10件
電力業・ガス産業・エネルギー産業		5社5件	——	1社1件	5社6件	1社2件
交 通 業		3社3件	4社4件	4社4件	11社11件	1社2件
その他の産業	——	20社20件	8社8件	22社24件	46社52件	5社11件
全 産 業	1社1件	134社134件	76社78件	136社159件	306社372件	49社116件

（注）：※　2件以上の兼任ポストがある企業が存在するため、兼任のみられる企業全体の数は各職位別の企業数の合計と一致しない場合がある。

（出所）：J.M.v Morr（Hrsg.）, *Adreßbuch der Direktoren und Aufsichtsräte*, Jahrgang 1960, Bd. I , Nach Persönlichkeiten geordnet, Finanzverlag GmbH, Berlin, 1960, Deutsche Bank AG, *Geschäftsbericht*, 各年度版, *Handbuch der deutschen Aktiengesellschaft*en, 各年度版を基に筆者作成。

　2件以上の兼任関係が成立していたケースは、49社において116件みられた。炭鉱業では4社で11件、鉄鋼業では6社で14件、金属産業・金属加工業では3社で7件、化学産業では8社で18件、電機産業では3社で10件、

機械産業では5社で11件、石油産業では1社で2件、繊維・紡績・織物産業では2社で4件、銀行業では6社で14件、保険業では4社で10件、電力業・ガス産業・エネルギー産業では1社で2件、交通業では1社で2件、その他の産業では5社で11件となっていた。そのような兼任が成立していた企業数も件数も、第1次大戦後のインフレーション期（83社において207件）よりはかなり少なく、ナチス期（57社において132件）と比べてもやや少なかった。

1965年株式法後の1960年代末の時期——また1965年株式法後の1960年代末の状況をみると（**表5参照**）、ドイツ銀行役員による他社の監査役会での兼任は、166社において合計201件みられた。産業別の内訳をみると、炭鉱業が15社で16件、鉄鋼業が12社で15件、金属産業・金属加工業が6社で7件、化学産業が15社で21件、電機産業が10社で15件、自動車産業が5社で5件、機械産業が12社で15件、精密機械産業・光学産業が3社で4件、造船業が1社で1件、石油産業が1社で2件、食品産業が2社で2件、繊維・紡績・織物産業が9社で11件、醸造業が2社で2件、流通業が5社で7件、銀行業が15社で18件、保険業が6社で10件、電力業・ガス産業・エネルギー産業が10社で12件、交通業が6社で6件、その他の産業が31社で32件であった。銀行業以外では、炭鉱業、鉄鋼業、化学産業、電機産業、機械産業において多くの企業との直接兼任が成立しており、基幹産業である重化学工業部門との関係が強かった。1人の人物が保有しうる監査役会ポストの数に制限を加えた1965年株式法の影響もあり、兼任のみられた企業数と件数は、1950年代末の306社で372件よりはかなり少なくなっている。

職位別にみると、監査役会名誉会長のポストによる兼任は6社で6件みられ、炭鉱業、化学産業、機械産業、銀行業ではそれぞれ1社で1件、その他の産業では2社で2件となっていた。監査役会会長のポストによる兼任は合計84社で84件となっており、炭鉱業が4社、鉄鋼業が6社、金属産業・金属加工業が3社、化学産業が6社、電機産業が6社、自動車産業が4社、機械産業が6社、精密機械産業・光学産業が2社、石油産業が1社、食品産業が1社、繊維・紡績・織物産業が5社、醸造業が1社、流通業が2社、

表5　1965年株式法後の1960年代末のドイツ銀行役員（監査役会・取締役会のメンバー）による他社の監査役会における直接兼任

産業 ＼ 兼任職位	監査役会名誉会長	監査役会会長	監査役会副会長	監査役	監査役会の職位全体※)	うち2件以上の兼任のケース
炭　鉱　業	1社1件	4社4件	1社1件	9社10件	15社16件	1社2件
鉄　鋼　業	—	6社6件	3社3件	6社6件	12社15件	3社6件
金属産業・金属加工業		3社3件		3社4件	6社7件	1社2件
化　学　産　業	1社1件	6社6件	4社5件	9社9件	15社21件	5社11件
電　機　産　業		6社6件	4社4件	4社5件	10社15件	3社8件
自　動　車　産　業		4社4件		1社1件	5社5件	—
機　械　産　業	1社1件	6社6件	3社3件	5社5件	12社15件	2社5件
精密機械産業・光学産業		2社2件		2社2件	3社4件	
造　船　業				1社1件	1社1件	
石　油　産　業		1社1件		1社1件	1社2件	
食　品　産　業		1社1件	1社1件		2社2件	
繊維・紡績・織物産業		5社5件	5社5件	1社1件	9社11件	1社3件
醸　造　業		1社1件	1社1件		2社2件	
流　通　業		2社2件	2社3件	2社2件	5社7件	1社3件
銀　行　業	1社1件	8社8件	7社7件	2社2件	15社18件	2社5件
保　険　業		1社1件	2社2件	5社7件	6社10件	2社6件
電力業・ガス産業・エネルギー産業		8社8件	2社2件	2社2件	10社12件	2社4件
交　通　業		3社3件	1社1件	2社2件	6社6件	
その他の産業	2社2件	17社17件	5社5件	8社8件	31社32件	1社2件
全　産　業	6社6件	84社84件	41社43件	63社68件	166社201件	24社57件

（注）：※）　2件以上の兼任ポストがある企業が存在するため、兼任のみられる企業全体の数は各職位別の企業数の合計と一致しない場合がある。

（出所）：G.Mossner（Hrsg.）, *Handbuch der Direktoren und Aufsichtsräte — seit 1898 —*, Bd. Ⅰ, Nach Personen geordnet, Jahrgang 1970/71, Finanz- und Korrespondenz Verlag, Berlin, Deutsche Bank AG, *Geschäftsbericht*, 各年度版, *Handbuch der deutschen Aktiengesellschaften,* 各年度版を基に筆者作成。

銀行業が8社、保険業が1社、電力・ガス産業・エネルギー産業が8社、交通業が3社、その他の産業が17社であり、各社1件であった。監査役会副会長のポストによる兼任は合計41社で43件となっており、炭鉱業が1社で

1件、鉄鋼業が3社で3件、化学産業が4社で5件、電機産業が4社で4件、機械産業が3社で3件、食品産業が1社で1件、繊維・紡績・織物産業が5社で5件、醸造業が1社で1件、流通業が2社で3件、銀行業が7社で7件、保険業が2社で2件、電力業・ガス産業・エネルギー産業が2社で2件、交通業が1社で1件、その他の産業が5社で5件であった。監査役のポストによる兼任は合計63社で68件となっており、炭鉱業が9社で10件、鉄鋼業が6社で6件、金属産業・金属加工業が3社で4件、化学産業が9社で9件、電機産業が4社で5件、自動車産業が1社で1件、機械産業が5社で5件、精密機械産業・光学産業が2社で2件、造船業が1社で1件、石油産業が1社で1件、繊維・紡績・織物産業が1社で1件、流通業が2社で2件、銀行業が2社2件、保険業が5社で7件、電力業・ガス産業・エネルギー産業が2社で2件、交通業が2社2件、その他の産業が8社で8件であった。1950年代末の時期との比較では、監査役会会長、副会長、監査役のいずれのポストによる兼任でも企業数と件数は少なくなっているが、監査役のポストによる兼任ではその差はとくに顕著であった。

　2件以上の兼任関係が成立していたケースは、24社において57件みられた。炭鉱業では1社で2件、鉄鋼業では3社で6件、金属産業・金属加工業では1社で2件、化学産業では5社で11件、電機産業では3社で8件、機械産業では2社で5件、繊維・紡績・織物産業では1社で3件、流通業では1社で3件、銀行業では2社で5件、保険業では2社で6件、電力業・ガス産業・エネルギー産業では2社で4件、その他の産業では1社で2件となっていた。1950年代末の時期（49社において116件）との比較では、そのような兼任がみられた企業数と件数はいずれも約半分にとどまっていた。

　2020年代初頭の時期──さらに2020年代初頭（**2021年2月**）の状況をみると（表6参照）、ドイツ銀行役員による兼任は24社において合計28件となっており、1960年代末の時期（166社において201件）と比べ兼任のみられた企業数も件数も著しく減少している。産業別の内訳では、鉄鋼業が1社で1件、化学産業が1社で2件、自動車産業が1社で1件、流通業が1社で1件、銀行業が6社で7件、保険業が2社で3件、電力業・ガス産業・

エネルギー産業が3社で3件、その他の産業が9社で10件であった。

　職位別にみると、監査役会会長のポストによる兼任は合計5社で5件となっており、化学産業が1社、流通業が1社、その他の産業が3社であり、各社1件であった。監査役会副会長のポストによる兼任は合計9社で9件となっており、銀行業が5社、保険業が1社、電力業・ガス産業・エネルギー産業が2社、その他の産業が1社であり、各社1件であった。監査役のポストによる兼任は合計14社で14件となっており、鉄鋼業が1社、化学産業が1社、自動車産業が1社、銀行業が2社、保険業が2社、電力業・ガス産業・エネルギー産業が1社、その他の産業が6社であり各社1件であった。1960年代末の時期との比較では、どの職位による兼任も圧倒的に少ない。

　兼任関係が2件以上であった企業は4社において8件みられた。企業数と件数のいずれでみても、1960年代末（24社において57件）と比べるとかなり少なくない。産業別の内訳では、化学産業では1社で2件、銀行業では1社2件、保険業では1社で2件、その他の産業が1社で2件となっていた。

表6　2020年代初頭（2021年2月）のドイツ銀行役員（監査役会・
　　　　取締役会のメンバー）による他社の監査役会における直接兼任

産業 ＼ 兼任職位	監査役会会長	監査役会副会長	監査役	監査役会の職位全体※)	うち2件以上の兼任のケース
鉄　鋼　業	——	——	1社1件	1社1件	
化　学　産　業	1社1件	——	1社1件	1社2件	1社2件
自　動　車　産　業	——	——	1社1件	1社1件	
流　通　業	1社1件	——		1社1件	
銀　行　業	——	5社5件	2社2件	6社7件	1社2件
保　険　業	——	1社1件	2社2件	2社3件	1社1件
電力業・ガス産業・エネルギー産業	——	2社2件	1社1件	3社3件	
その他の産業	3社3件	1社1件	6社6件	9社10件	1社2件
全　産　業	5社5件	9社9件	14社14件	24社28件	4社8件

　（注）：※）　2件以上の兼任ポストがある企業が存在するため、兼任のみられる企業全体の数は
　　　　　　　各職位別の企業数の合計と一致しない場合がある。
　（出所）：Deutsche Bank AG, *Geschäftsbericht 2020*, S.448-451, S.453-454 を基に筆者作成。

4. ドイツ銀行の監査役兼任ネットワークの構造

　第2次大戦前期の1930年代半ばの時期——つぎに、「距離2」の範囲で形成されるドイツ銀行をめぐる監査役兼任ネットワークの構造について考察することにしよう。第2次大戦前期にあたる1930年代半ばのナチス期について、ネットワークを構成しているドイツ銀行と「距離1」の範囲内に位置する企業（254社）のうち高い中心性を示す企業をみると（**表7参照**）、兼任のある企業数で測定される「隣接度」での順位では、上位10社中、銀行業が2社、これらの金融機関2社を除く8社が非金融企業であり、炭鉱業が2社、鉄鋼業が1社、化学産業が1社、電機産業が1社、自動車産業が1社、電力業・ガス産業・エネルギー産業が1社、その他の産業が1社であった。これらの上位10社の隣接度は254から180の間に分布しており、兼任の成立していた企業数は非常に多かった。1位は銀行業のドイツ銀行（隣接度254）、2位は電機産業のＡＥＧ（同246）、3位は鉄鋼業のVereinigte Stahlwerke AG（同243）、4位は銀行業のDeutsche Centralbodenkredit-AG（同229）、5位は炭鉱業のRheinische AG fur Braunkohlenbergbau und Brikett-fabrikation（同207）であった。6位は化学産業のKokswerke und Chemische Fabriken AG（隣接度199）、7位は自動車産業のDaimler-Benz AG（同191）、8位は炭鉱業のRheinisch-Westaflisches Kohlen-Syndikat（同184）、9位はその他の産業に属するDeutsch-Atlantische Telegraphengesellschaft（同183）、10位は電力業・ガス産業・エネルギー産業のRuhrgas AG（同180）であった。上位5社では、炭鉱業が1社、鉄鋼業が1社、電機産業が1社、銀行業が2社であった。上位10社では銀行は2社のみであったが、上位5位内に2社が位置しており、最上位層における銀行の中心性は高かった。そのうちの1社はドイツ銀行であり、同社は自らのネットワークのなかで最も中心性の高い企業であった。

　ネットワークにおける情報フロー・メディアの結節点としての銀行の役割は大きかったといえるが、上位10社では、銀行のほか、炭鉱業、鉄鋼業、化学産業、電機産業、自動車産業という基幹産業部門や電力業・ガス産

表7　ナチス期におけるドイツ銀行のネットワークにおける構成企業の「中心性」[1]

順位	企　業　名	隣接度[2]	業種・産業
1	Deutsche Bank und Disconto-Gesellschaft[3]	254	銀行業
2	Allgemeine Elektricitäts-Gesellschaft	246	電機産業
3	Vereinigte Stahlwerke AG	243	鉄鋼業
4	Deutsche Centralbodenkredit-AG	229	銀行業
5	Rheinische AG für Braunkohlenbergbau und Brikettfabrikation	207	炭鉱業
6	Kokswerke und Chemische Fabriken AG	199	化学産業
7	Daimler-Benz AG	191	自動車産業
8	Rheinisch-Westfälisches Kohlen-Syndikat	184	炭鉱業
9	Deutsch-Atlantische Telegraphengesellschaft	183	その他の産業
10	Ruhrgas AG	180	電力業・ガス産業・エネルギー産業
11	Harpener Bergbau-AG	179	炭鉱業
12	Gesellschaft für elektrische Unternehmungen-Ludwig.Loewe & Co.AG	175	電機産業
13	Rutgerswerke AG	172	化学産業
13	Elektrowerke AG（Reichselektrowerke）	172	電力業・ガス産業・エネルギー産業
15	AG für deutsche Elektrizitätswirtschaft	170	電力業・ガス産業・エネルギー産業
16	Deutsch-Asiatische Bank	160	銀行業
17	Mannesmannröhren-Werke	157	鉄鋼業
18	Preußische Elektrizitäts-AG	152	電力業・ガス産業・エネルギー産業
19	Essener Steinkohlenbergwerke AG	150	炭鉱業
19	Sächsische Bodencreditanstalt	150	銀行業
21	Gelsenkirchener Bergwerks-AG	149	炭鉱業
22	AG für Waggonbauwerte（Linke-Hofmann-Busch-Werke）	145	機械産業
23	Metallgesellschaft AG	144	金属産業・金属加工業
23	Feldmühle, Papier- und Zellstoffwerke AG	144	その他の産業
25	Dynamit AG vormals Alfred Nobel & Co.	142	化学産業
25	Allgemeine Deutsche Credit-Anstalt	142	銀行業
27	Mansfeld AG für Bergbau und Huttenbetrieb	139	鉄鋼業
28	Deutsche Hypothekenbank, Meiningen	137	銀行業
29	Reichs-Kredit-Gesellschaft AG	136	銀行業
30	Hochtief, AG für Hoch- und Tiefbauten vorm. Gebr.Helfmann	134	その他の産業

（注）1）　Deutsche Bank und Disconto-Gesellschaftと距離1の範囲でのその兼任先企業をあわせた255社のうち、隣接度でみた上位企業30社をリストアップしたもの。
　　　2）　中心性は、兼任のみられる企業数である隣接度によって測定される。
　　　3）　下線を引いた企業は、このネットワークの起点となる企業であるDeutsche Bank und Disconto-Gesellschaft。
（出所）　J.Mossner（Hrsg.）, a.a.O., Deutsche Bank und Disconto-Gesellschaft, *Geschäftsbericht*, 各年度版, *Handbuch der deutschen Aktien-Gesellschaften*, 各年度版を基に筆者作成。

業・エネルギー産業の最有力企業の中心性も高く、これらの産業企業も、非常に多くの企業との人的な結びつきによって情報バンクの結節点としての役割において大きな位置を占めていた。上位10位内に位置する企業の隣接度の数値は非常に高く、それだけに、人的ネットワークの情報フロー・メディアにおけるこれら10社のもつ意義は大きなものであったといえる。

　また隣接度でみて上位20社のなかでは、炭鉱業が4社（5位、8位、11位、19位）、鉄鋼業が2社（3位、17位）、化学産業が2社（6位、13位）、電機産業が2社（2位、12位）、自動車産業が1社（7位）、銀行業が4社（1位、4位、16位、19位）、電力業・ガス産業・エネルギー産業が4社（10位、13位、15位、18位）、その他の産業が1社（9位）となっており、銀行業、炭鉱業、電力業・ガス産業・エネルギー産業の企業の数が多かった。

　一方、ネットワークの全体的な性格を示す「凝集性」を「密度」という指標で測定すると、密度は0.0044987であった。ドイツ銀行の監査役会メンバーによる「距離1」の範囲での兼任がみられた企業数は254社、「距離2」の範囲でのネットワークを構成する企業の総数は2,701社であり、「距離2」の範囲で構成されるネットワークにおける頂点数は非常に多かった。ドレスナー銀行とコメルツ銀行（Commerz- und Privat-Bank AG）のネットワークの密度はそれぞれ0.0038978、0.003738となっており、両者の数値にはほとんど差はなかったのに対して、ドイツ銀行のネットワークの凝集性はこれら2行のそれよりも強いものとなっていた[9]。

　第2次大戦後の1960年代末の時期──つぎに、第2次大戦後の時期について1960年代末の状況をみると、ネットワークを構成しているドイツ銀行と「距離1」の範囲内に位置する企業（65社）のうち兼任のある企業数である「隣接度」での順位では（**表8参照**）、上位10社中、銀行業が2社、保険業が1社であり、これらの金融機関3社を除く7社が非金融企業であった。産業別の内訳では、炭鉱業が1社、鉄鋼業が1社、金属産業・金属加工業が1社、化学産業が1社、電機産業が1社、自動車産業が1社、電力業・ガス産業・エネルギー産業が1社であった。これらの上位10社の隣接度は80から57の間に分布していた。隣接度が80であり最も高い中心性を示して

いた企業は、銀行業のDeutsche Ueberseeische Bankであった。電力業・ガス産業・エネルギー産業のRheinisch-Westfalisches Elektrizitatswerk AG（隣接度77）、炭鉱業のPreußag AG（同74）、自動車産業のDaimler-Benz AG（同66）がそれに続いていた。銀行業のドイツ銀行、化学産業のDegussa AGの隣接度はともに65であり、両社は第5位に位置していた。電機産業のSiemens AGの隣接度は63、保険業のAllianz Versicherungs-AGのそれは62であった。鉄鋼業のFried.Krupp GmbHと金属産業・金属加工業のMetallgesellschaft AGの隣接度はともに57であり、同順位の9位であった。また上位5社（同一順位の企業が2社存在するため6社）でみると、銀行業が2社、炭鉱業、

**表8　1965年株式法後の1960年代末におけるドイツ銀行の
ネットワークにおける構成企業の「中心性」[1]**

順位	企業名	隣接度[2]	業種・産業
1	Deutsche Ueberseeische Bank	80	銀行業
2	Rheinisch-Westfalisches Elektrizitätswerk AG	77	電力業・ガス産業・エネルギー産業
3	Preußag AG	74	炭鉱業
4	Daimler-Benz AG	66	自動車産業
5	Deutsche Bank AG[3]	65	銀行業
5	Degussa AG	65	化学産業
7	Siemens AG	63	電機産業
8	Allianz Versicherungs-AG	62	保険業
9	Fried.Krupp GmbH	57	鉄鋼業
9	Metallgesellschaft AG	57	金属産業・金属加工業
11	Karstadt AG	56	流通業
11	Allianz Lebensversicherungs-AG	56	保険業
13	Suddeutsche Zucker-AG	55	その他の産業
14	Rütgerswerke und Teerverwertung AG	51	化学産業
15	VTG（Vereinigte Tanklager und Transportmittel GmbH）	50	交通業
16	Deutsche Linoleum-Werke AG	46	繊維・紡績・織物産業
17	Gelsenkirchener Bergwerke AG	45	炭鉱業
17	Bayer AG	45	化学産業
19	Otto Wolff AG	44	鉄鋼業
20	Deutsche Continental-Gas-Gesellschaft	43	電力業・ガス産業・エネルギー産業

（注）1）Deutsche Bank AGと距離1の範囲での兼任先企業をあわせた66社のうち、隣接度でみた上位企業20社をリストアップしたもの。
2）中心性は、兼任のみられる企業数である隣接度によって測定される。
3）下線を引いた企業は、このネットワークの起点となる企業であるDeutsche Bank AG。
（出所）G.Mossner（Hrsg.）, *a.a.O.*, Deutsche Bank AG, *Geschäftsbericht*, 各年度版, *Handbuch der deutschen Aktiengesellschaften*, 各年度, *Handbuch der Grossunternehmen*, 各年度版を基に筆者作成。

化学産業、自動車産業、電力業・ガス産業・エネルギー産業がそれぞれ1社であった。

このように、第1位のDeutsche Ueberseeische Bank、第5位のドイツ銀行が存在するとはいえ、隣接度でみて上位に位置する銀行が多いというわけでは必ずしもなかった。ネットワークによって生み出される情報フロー・メディアの結節点としての役割において大きな位置を占める最上位の隣接度を示す企業としては、これら2行のほか、鉄鋼業、化学産業、電機産業、自動車産業などのドイツの基幹産業門における最有力企業の中心性が高かった。また9位に位置していた鉄鋼業のFried.Krupp GmbHについては、同社がドイツ銀行の監査役兼任ネットワークにおいて中心的な位置を占めていたということは、クルップ・コンツェルンの親会社にあたる企業であったことから、事業会社とは異なり銀行との関係が深いものとならざるをえなかったという事情が関係しているものと考えられる。

また上位20社でみても、銀行は1位と5位に位置する2社のみであった。銀行業以外では、炭鉱業が2社（3位、17位）、鉄鋼業が2社（9位、19位）、金属産業・金属加工業が1社（9位）、化学産業が3社（5位、14位、17位）、電機産業が1社（7位）、自動車産業が1社（4位）、繊維・紡績・織物産業が1社（16位）、流通業が1社（11位）、保険業が2社（8位、11位）、電力業・ガス産業・エネルギー産業が2社（2位、20位）、交通業が1社（15位）、その他の産業が1社（13位）となっていた。

一方、ネットワーク全体の性格を示す凝集性についてみると、密度は0.0077138であり、第2次大戦前期のナチス期におけるドイツ銀行のネットワークの密度よりは濃かった。第2次大戦後には、同行の監査役会メンバーが「距離1」の範囲で兼任関係を築いていた企業数（65社）とネットワークの構成企業の総数である頂点数（702社）のいずれもが戦前期と比べ非常に少なかったことが、両時期の密度の差と関係している[10]。またドレスナー銀行、コメルツ銀行のネットワークの密度はそれぞれ0.0086884、0.0078716となっており[11]、ドイツ銀行とコメルツ銀行のネットワークの密度は類似していたのに対して、ドレスナー銀行のネットワークの密度はこれら2行のそれよりも濃かった。

5. 役員兼任構造と監査役兼任ネットワークの分析の含意

　以上の考察をふまえて、本稿の分析から得られる含意を明らかにすることにしよう。第2次大戦前には、戦後のようには企業集中が進んでいなかったことやカルテルが合法とされていた関係もあり企業合同はカルテルよりは少なかったことなどが、役員の直接兼任がみられた企業数や人的ネットワークを構成する企業の数の多さと関係している。この点は、第2次大戦後と比べて戦前期におけるネットワークの密度の数値が相対的に低かったことと関係している。またネットワークにおける中心性という点では、戦前にはネットワークを構成する企業数が非常に多かったことから兼任のある企業数を示す隣接度の数値は高かった。アメリカとともに独占資本主義への移行をいちはやく成し遂げたドイツでは、先発の資本主義国であったイギリスと比べても高度な集中・集積が産業のみならず銀行業においてもみられたが、「金融資本」の組織性という点では、アメリカと比べてもより典型的な国となった。そのような当時の状況について、レーニンは1919年に、ドイツは「資本主義の、金融資本主義の、組織性の点でアメリカにまさる先進資本主義国の、模範である。ドイツは、多くの点で、技術と生産の点で、政治上の点でアメリカにおとっていたが、金融資本主義の組織性の点では、独占資本主義の国家独占資本主義への転化の点では、アメリカにまさっていた」[12] と指摘している。国内市場の狭隘性と輸出市場における諸困難、アメリカに対する「技術と生産」の立ち遅れという戦前のドイツ資本主義の蓄積構造、再生産構造の制約的条件の一方で、役員兼任による人的結合の広範な展開は、カルテルやシンジケートのような独占組織の広範な展開とともに、金融資本主義の高い組織性の一面を示すものである。

　第2次大戦後については、1950年代末の兼任状況を戦前のナチス期との比較でみれば、企業数と件数では大差はなかったが、監査役会会長、副会長のポストによる兼任は多くなっていたのに対して、監査役のポストによる兼任の数は大きな減少を示している。戦後の大銀行解体後の再結合による再編がすすむなかで、監査役会会長や副会長という重要職位での兼任が

産業と銀行の関係の再構築・強化にとってとくに重要な意味をもったという事情が関係していたといえる。1965年株式法の影響のもとで、60年代末の時期には、役員兼任のみられた企業数と件数のいずれにおいても50年代末と比べ大きく減少しているが、1965年株式法を境にそれまで維持されてきた役員兼任の必要性と意義が低下したというわけではなく、戦後ドイツにおける企業間人的結合のシステムの基本型が築かれ、それがその後に受け継がれ長く維持されていくことになった。役員兼任の重要性は、1965年株式法の影響のもとでドイツ銀行やコメルツ銀行などの大銀行では企業間人的結合のレベルを維持するために本店顧問会（Zentralbeirat）という組織が設置されたという点にも表れている[13]。

　役員兼任による企業間人的結合のシステムは、1950年代末にほぼ終了することになった企業グループ体制の再編とあいまって、ドイツ企業の経営展開、協調的な経営行動の基盤となりうるものであった。例えば、1960年代末にドイツのゴム製品産業においておこった問題をめぐって、過半数所有を達成しようというファイヤーストーンの希望がフェニックス・ゴムの計画されていた増資を妨げるという事態がおころうとしたときに、フェニックス・ゴムの兼任監査役であったドイツ銀行のH.J.アプスは、これら両社の大株主の代表としてこうした軋轢の解決に努力した[14]。また、ドレスナー銀行のJ.ポントは、1970年半ばに保険会社のアリアンツがバイエルン・ヒポの支配をはかろうと努力しているという風評が流れたさいに、議論のモデレーターとして機能することによって、前者の保険会社のW.シーレン、後者の銀行のA.エルンストベルガーとの協議における緊張した状況を落ち着かせ、相互の非難をやわらげ、共通の利害が確保されるように調整をはかった[15]。ドレスナー銀行のE.マティエンセンも、他の企業の監査役会に多くのポストをもち協調的な利害調整をはかる「ライン型資本主義」の典型的な人物のひとりであったが、彼は、1960年代に金属産業のメタルゲゼルシャフトの兼任監査役として困難な軋轢の調整や投資決定における取締役への助言者としての役割を果たした[16]。1976年のカールシュタットによるネッカーマン・コンツェルンの吸収合併では、コメルツ銀行から派遣されていた前者の取締役会メンバーのW.ドゥイスはネッカーマン

通信販売にその買収条件を提示しこれを了承させたが、その条件はカール
シュタットの監査役会の幹部や大株主によって予め承認されており、全監
査役が売買契約を判定する前にドイツ銀行出身の兼任監査役であるF.W.
クリスティアンズの了解をとおして調整がはかられていた[17]。これらの事
例にもみられるように、役員兼任のシステムは、企業間の利害やコンフリ
クトが市場競争よりはむしろ協議において調整されるかたちでの経営行動
の基盤をなしたといえる。

　ドイツ企業の役員兼任においては、産業企業の監査役会のみならず銀行
の監査役会においても外部の出身者が存在しており、銀行の監査役会メン
バーによる他社での兼任は、銀行と産業企業の双方向での監査役会におけ
る兼任というかたちで企業間人的結合、人的ネットワークが構築されてき
た。産業と銀行の間の関係という点をめぐっては、産業側には産業利潤・
商業利潤の最大化、銀行側には利子・配当の極大化という基本的利害があ
る。産業企業側では「利子」は費用となる一方で銀行側では収入となるな
かで、両者の利害が対立的関係にならないための産業利潤・商業利潤の最
大化が、銀行側の利子・配当の極大化の前提をなす。銀行は、産業資本の
循環に依存しそれを反映するかたちで資本蓄積の循環に結びつけられてお
り[18]、この点に、銀行による産業利潤の最大化への顧慮と産業の利害との
融合の根源があるといえる。産業企業と銀行との間の双方向での役員兼任
による人的結合、人的ネットワークの構造、それを基礎にした情報フ
ロー・メディアの機構は、「産業側の利潤（産業利潤・商業利潤）の最大化
と銀行側の利子・配当の極大化」という産業・銀行間の利害の融合・一体
化、同時的実現をめぐる協調のための基盤をなしたといえる。例えば、
1970年代前半に鉄鋼業のマンネスマンが加工部門の企業への資本参加を行
い買収しようとする案件がもちあがったさい、その候補対象となった機械
産業のデーマクの兼任監査役であったJ.ポントは、同社経営陣の行動の余
地が限られているという印象や企業の危機を回避するために、人的な関係
をとおして当該案件にかかわる重要人物との接触や助言などによって軋轢
を回避し、出身銀行であるドレスナー銀行の利害を損なうことなくこの企
業の独立性を支えることによって、兼任先企業の経済的発展をはかるとい

う最終的な目標を調整した[19]。J.ポントはまた、1970年代にクルップが経営危機に直面したさい、監査役会において財務状況を粘り強く質問する一方で、同社の兼任監査役として財務問題において専門的知識を提供し、ドレスナー銀行による無条件の支援を保証しながら、大規模な信用を供与している顧客であるこの企業をしっかりとした財務基盤の上におくことによって、多様で大規模な融資業務からの収益をドレスナー銀行に保証するという出身銀行の利害を追求した。ポントは、クルップの非常に良い情報が与えられていた「モデレーターとしての監督者」であり、銀行の観点のみならず産業的な観点での利害一体的な行動を展開した[20]。これらの事例は、産業利潤の最大化と銀行利潤の極大化という産業と銀行の利害の同時的実現において役員兼任制が果たす役割を示すものであるといえる。

役員兼任制は、個人である取締役や監査役そのものではなくそれによって結合する企業が生み出す社会的・経済的諸関係を意味するものであり、ドイツでは、特定の個人ではなく銀行出身の兼任監査役と産業企業出身の兼任監査役から構成される監査役会というひとつの社会システムが人的に融合・癒着しており、「資本家」が機関化した企業間結合関係化というかたちでの「金融資本家」が実在している。産業と銀行が監査役会において双方向のかたちでの人的な結合・融合の広範な展開によって、両者の利害一体化を実現しやすい構造・体制となっている。そのような産業と銀行の利害一体的な経営展開による企業・産業・経済の発展のための機構としての「産業システム」が築かれてきたのであり、この点にこそ、産業と銀行の融合・癒着による「金融資本」の内実が表れているとともに、「金融資本」のドイツ的態様のひとつがみられる。

ドイツ銀行の人的ネットワークでは、中心性の高い上位層の企業に銀行が位置しているケースが多い傾向にあったが、中心性の高い企業に銀行がならぶというわけではなく、基幹産業である鉄鋼業、化学産業、電機産業、自動車産業などのほか、保険業や電力業・ガス産業・エネルギー産業などの基幹産業部門に広く分散している傾向にあった。それゆえ、「銀行をめぐるネットワークでは銀行の中心性が高いであろう」という見方は、必ずしも妥当するものではない。ネットワークにおける銀行の「中心性」の相対

的な高さという状況の一方で、多くの企業との人的な結びつきをとおしての情報フロー・メディアの結節点としての役割という点では、銀行に限らず、製造業の基幹産業部門のほか、保険業や電力業・ガス産業・エネルギー産業などの産業の企業が広く関与する構造となっていた。広い産業の他社との人的つながりの多い企業ほど業務上にかかわる情報の入手の強い裏づけをもち、情報の交換・共有、それに基づく自社の経営の展開や企業間の調整の可能性が生まれる。

　このような企業間の人的結合、人的ネットワークのシステムは、1990年代以降の金融の自由化やグローバリゼーションの進展、それにも規定された銀行や産業企業をとりまく経営環境の変化、アメリカの影響の増大、銀行の経営行動の変化などのもとで、大銀行による役員兼任の面での産業との関係、そのような緊密な結びつきの意義も変化してきた。ドイツの大銀行にあっても、信用業務と証券業務が一体となったユニバーサル・バンクのビジネスモデルからＭ＆Ａの仲介やコンサルティング業務、証券化商品重視の事業の展開という投資銀行のパラダイムへの転換がすすんできた。銀行による産業企業に対するモニタリングの必要性と意義の低下という状況のもとで、産業・銀行の間の緊密な関係にみられるいわゆる「金融資本」的なそれまでのあり方が大きく変化せざるをえない状況となってきた。重化学工業のようなかつての基幹産業部門の代表的企業との役員兼任関係を基礎にした「金融資本」像は大きく変化し、業務関係でもより身軽な業種・産業の企業との兼任に集約される傾向がすすんできたといえる。

　最後に、残された研究課題についてみておくと、第1に、産業と銀行の関係のこうした大きな変化とも関連して、1960年代末に成立した役員兼任に基づく企業間人的結合の戦後ドイツの基本型が大きな変化を経験する転換点がどの時期に現れたのかという点を、例えば1980年、90年、2000年などいくつかの時期における人的結合の実態を考察するなかで明らかにすることが重要な問題となる[21]。第2に、1990年代以降の「金融資本」像の変化という問題をめぐっては、兼任関係のある企業からの利子や配当がむしろ増大しているようなケースがみられるとすればそれは産業と銀行の融合・癒着による「金融資本」は維持されているという面もみられるという

ことになるのであり、銀行の収益構造の分析などをとおしてこうした点を明らかにしていくことも重要な課題となろう。第3に、本稿でも明らかにされたような役員兼任、監査役兼任ネットワークがドイツ企業の行動様式、同国資本主義の協調的性格にどのように反映しているのかという点にかかわって、企業間においてどのように情報が流れることによって協調関係が機能したのかということが重要な問題となってくる。ことに人的ネットワークの機能に関連していえば、中心性の高い企業の監査役会においてネットワークを構成する他の企業との関係を考慮して、またそこから得られる情報のやりとりなどに基づいて主要な意思決定がどのように行われ、企業間の協調行動に帰結したのかという点については、代表的企業の議事録等の内部資料から実証作業を行うことが重要な研究課題となるが、本稿の内容はその前段階に位置するものである。これらの研究課題については、今後、解明を試みたい。

注

1) P.A.ホール・D.ソスキス「日本語版への序文　資本主義の多様性と日本」、P.A.ホール・D.ソスキス編／遠山弘徳・安孫子誠男・山田鋭夫・宇仁宏幸・藤田奈々子訳『資本主義の多様性：比較優位の制度的基礎』ナカニシヤ出版、2007年、日本語版への序文、p.iii, pp.v-vi, p.viii 参照。

2) S.Beck, F.Klobes, C.Scherrer, Conclusion, S.Beck, F.Klobes, C.Scherrer (eds.), *Surviving Globalization? Perspectives for the German Economic Model*, Springer, Dordrecht, 2005, p.228, M.Höpner, Corporate Governance in Transition: Ten Empirical Findings on Shareholder Value and Industrial Relations in Germany, *MPIfG (MaxPlanck-Institut für Gesellschaftsforschung) Discussion Paper01/5*, October 2001, pp.17-19, J.Beyer, Deutschland AG a.D.: Deutsche Bank, Allianz und das Verflechtungszentrum großer deutscher Unternehmen, *MPIfG Working Paper 02/4*, März 2001, S.6-7, S.9-10, W.Streeck, German Capitalism. Does it exist? Can it survive?, C.Crouch, W.Streeck (eds.), *Political Economy of Modern Capitalism: Mapping Convergence and Diversity, London*, 1997, p.51〔山田鋭夫訳『現代の資本主義制度 グローバリズムと多様性』NTT出版、2001年、77ページ〕.

3) P.Windorf, The Corporate Networks in Germany, 1896-2010, T.David, G.Weserhuis (eds.), *The Power of Corporate Networks. A Comparative and Historicl Perspective*, Routledge, New York, 2014, p.80.

4) V.I.Lenin, Империализм, каквысшаястадиякапитализма: популярныйоч ерк, 2-еизд , Москва：Партийноеиздþво , 1932 〔聴濤弘訳『帝国主義論』新 日本出版社、1999年〕.

5) 仲田正機・細井浩一・岩波文孝『企業間の人的ネットワーク――取締役兼任 制の日米比較――』同文舘、1997年、40ページ。

6) 例えば、H.Pfeiffer, *Die Macht der Banken. Die personellen Verflechtungen der Commerzbank, der Deutschen Bank und der Dresdner Bank mit Unternehemen*, Campus, Frankfurt am Main, 1993, D.Schönwitz, H-J, Weber, *Unternehmenskonzentration, Personelle Verflechtungen und Wettbewerb. Eine Untersuchung auf der Grundlage der hundert größten Konzerne der Bundesrepublik* Deutschland, 1.Aufl., Nomos Verlagsgesellschaft, Baden-Baden, 1982, P.Windorf, *op. cit.*, P.Windorf, *Corporate Networks in Europe and the United States*, Oxford University Press, New York, 2002, K.Krenn, *Alle Macht den Banken? Zur Struktur personaler Netzwerke deutscher Unternehemen am Beginn des 20. Jahrhundert*, Springer, Wiesbaden, 2012, R.Ziegler, D.Bender, H.Biehler, Industry and Banks in the German Cororate Network, F.N.Stockman, R.Ziegler, J.Scott（eds.）, *Networks of Corporate Power. A Comparative Analysis of Ten Countries*, Polity Press, Cambridge, 1985 〔上田義朗訳『企業権力の ネットワーク 10カ国における役員兼任の比較分析』文眞堂、東京、1993年〕, M.Nobbert, *Unternehemensverflechtungen in Westeuropa. Nationale und transnationale Netwerke von Unternehmen, Aufsichtsräten und Managern*, LIT Verlag, Münster, 2005 などを参照。

7) H.Pfeiffer, *a.a.O.*, S.158-159, K-H.Stanzick, Der ökonomische Konzentrationsprozeß, G.Schäfer, C.Nedelmann（Hrsg.）, *Der CDU-Staat. Analysen zur Verfassungswirklichkeit der Bundesrepublik*, Bd.Ⅰ, 2. Aufl., Schurkamp, München, 1969, S.72, H.O.Eglau, *Wie Gott in Frankfurt: Die Deutsche Bank und die deutsche Industrie*, 3. Aufl., Econ Verlag, Düsseldorf, 1990, S.128 〔長尾秀樹訳『ドイツ銀行の素顔』東 洋経済新報社、1990年、96ページ〕などを参照。

8) 仲田・細井・岩波、前掲書、38-41ページを参照。

9) J.Mossner（Hrsg.）, *Adressbuch der Direktoren und Aufsichtsräte 1936*, Bd.Ⅰ, Nach Personen geordnet, Finanz-Verlag, Berlin, 1936, Deutsche Bank und Disconto-Gesellschaft, *Geschäftsbericht*, Dresdner Bank, *Geschäftsbericht*, Commerz- und Private-Bank AG, *Geschäftsbericht, Handbuch der deutschen Aktien-Gesellschaften* を もとに筆者が算定。

10) G.Mossner（Hrsg.）, *Handbuch der Direktoren und Aufsichtsräte —seit 1898—*, Bd. Ⅰ, Nach Personen georent, Jahrgang 1970/71, Finanz- und Korrespondenz-Verlag, Berlin, Deutsche Bank AG, *Geschäftsbericht, Handbuch der deutschen Aktiengesellschaften* をもとに筆者が算定。

11) 山崎敏夫『ドイツの企業間関係——企業間人的結合の構造と機能——』森山書店、2019年、309ページ、315ページ。

12) W.I.Lenin, Bericht über das Parteiprogramm auf dem VII. Parteitag der KPR（B）, *Ausgewählte Werke: in zwei Bänden*, Bd. Ⅱ, Dietz Verlag, Berlin, 1953, S.511〔『レーニン全集』（邦訳）、第29巻、大月書店、1958年、158ページ〕。

13) H.Pfeiffer, *a.a.O.*, S.158-159, K-H.Stanzick, *a.a.O.*, S.72, H.O.Eglau, *a.a.O.*, S.128, S.244〔前掲訳書、96ページ、173ページ〕. 戦後の占領政策による大企業の解体後の1957年の再結合のさいに本店顧問会が設置されたドレスナー銀行（H.G.Meyen, *120 Jahre Dresdner Bank.Unternehmens-Chronik*, Dresdner Bank AG, Frankfurt am Main,1992, S.331）でも、1965年の株式法によって1人の人物が保有しうる監査役ポスト数が制限されたことにともなう監査役会の人数の減少という事態への対応として、取締役会に対する助言機能を維持・補完する目的で管理委員会（Verwaltungsrat）が設置された（Der Brief von Ernst Matthiesen über den Verwaltungsrat（4.4.1966）, S.1, S.4, *Historisches Archiv der Commerzbank*, HAC-500/337, 447/50, F. Sattler, *Ernst Matthiesen（1900-1980）. Ein deutscher Bankier im 20. Jahrhundert*, Eugen-Gutmann-Gesellschaft, Berlin, 2009, S.288）。監査役会の旧メンバーと新メンバーの大多数がこの機関に属することになったが（H.G.Meyen, *a.a.O.*, S.331）、こうした機関においても、当該企業の出身者のみならず外部の企業の人物も加わっているケースもみられた。Die Schrift über die Verwaltungsratssitzung（22. 4. 1968）, *Historisches Archiv der Commerzbank*, HAC-500/211, 109332, Verwaltungsrat der Dresdner Bank AG. Stand: 26. Mai 1966（Konstituirung）, *Historisches Archiv der Commerzbank*, HAC-500/337, 447/50, Verwaltungsrat der Dresdner Bank AG（Stand: Januar 1978）, *Historisches Archiv der Commerzbank*, HAC-500/337, 447/50.

14) L.Gall, *Der Bankier Hermann Josef Abs. Eine Biographie*, C.H.Beck, München, 2004, S.346, G.Mossner（Hrsg.）, *a.a.O.,* S.1, G.Mossner（Hrsg.）, *Handbuch der Direktoren und Aufsichtsräte — seit 1898 —*, Bd.2, Nach Gesellschaften geordnet, Jahrgang 1969/70, Finanz- und Korrespondenz Verlag, Berlin, S.931.

15) R.Ahrens, J.Bähr, *Jürgen Ponto. Bankier und Bürger. Eine Biografie*, C.H.Beck, München, 2013, S.133.

16) F.Sattler, *a.a.O.*, S241, S.244-246, S.334.

17) Neckermann/Karstadt. Aktionäre werden Geld verlieren, *Wirtschaftswoche*, 30. Jg, Nr.28, 9.7. 1976, M.Gerhardt, *Industriebezihungen der westdeutschen Banken,* Sendler, Frankfurt am Main, 1982, S.169, S.172〔飯田裕康監修、相沢幸悦訳『西ドイツの産業資本と銀行』亜紀書房、1985年、193-195ページ〕.

18) *Ebenda*, S.101, S.105, S.124, S.195〔同上訳書、129ページ、137ページ、158ページ、228ページ〕.

19）　R.Ahrens, J.Bähr, *a.a.O.*, S.138-141.

20）　*Ebenda*, S.149-155, S.158-161, R.Ahrens, Bankenmacht im Aufsichtsrat? Der Bankier Jürgen Ponto und die Kntrolle deutscher Großunternehmen in den 1970er Jahren, R.Ahrens, B.Gehlen, A.Reckendrees（Hrsg.）, Die „*Deutschland AG*". *Historische Annährung* an den bundesdeutschen Kapitalismus, 1.Aufl., Klartext-Verlag, Essen, 2013, S.212.

21）　例えば付加価値生産額でみたドイツの最大企業100社間の人的結合（人数）の推移を示した図1から明らかなように、管理機関に派遣された役員の人数は1996年以降に減少しており、2000年以降になっても一度減少している。

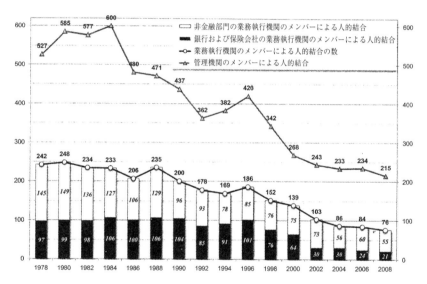

図1　1978年から2008年までの付加価値でみたドイツの最大100社間の
管理機関における人的結合（人数）の推移

出所：Monopolkommission, Mehr Wettbewerb, wenig Ausnahmen, Hauptgutachten 2008/
2009（Hauptgutachten der Monopolkommission XVIII）, 1.Aufl., Nomos Verlagsge-
sellscaft, Baden-Baden 2010, S.90, S.153, S.161

（やまざき　としお／立命館大学）

受動的CSRの再検討
——競争戦略の観点から——

樋 口 晃 太

1. はじめに

　「貧困」「環境汚染」「少子高齢化」といったあらゆる社会問題が顕在化する今日、事業を通して社会問題を解決する概念が注目されている。そうした概念の多くが採用するアプローチの1つに、「アウトサイド・イン」と「インサイド・アウト」がある。

　「アウトサイド・イン」は、「社会起点」による本業で社会問題を解決するアプローチと言える。具体的には、企業が地域社会やステークホルダーを悩ます社会問題にまず目を向け、それらを解決しうる事業を展開することを指す。一方、「インサイド・アウト」は、「企業起点」による本業で社会問題を解決するアプローチと言える。具体的には、企業が保有する経営資源や現行の事業目標を活かして、解決し得る社会問題に取り組むことを指す。

　一見、対照的なアプローチに思えるが、企業に事業と関連が強い社会問題の解決を促す点で共通している。2つのアプローチは、SDGs（持続可能な開発目標）の企業行動指針である「SDG Compass」や、社会問題の解決を通して競争優位の構築を目指す「CSV（共通価値の戦略）」の中でも、その重要性が指摘されている。

　ところで、事業と関連が強い社会問題だけに取り組むことは競争上、本当に望ましいのであろうか。フィランソロピー[1] などを通して、事業との

　結びつきが弱い社会問題に取り組むことも、競争優位をもたらす可能性について疑問が残る。これが、本研究の問題意識である。

　そこで本研究では、事業と関連が強い社会問題と、弱い問題の双方に取り組む事例を通して、後者も競争優位の構築につながる可能性を検討していく。

　そのために、以下の手順を採用した。まず、CSR（企業の社会的責任）やCSVに関する先行研究をサーベイし、企業による社会問題の解決と競争優位の関係について整理する。第2に、「ポジショニング理論」と「RBV（リソース・ベースト・ビュー）」に依拠して、事例の分析に向けた仮説を構築する。第3に、繊維専門商社である豊島株式会社の「オーガビッツ」プロジェクトを通して、仮説を検証していく。同プロジェクトは、さまざまな社会貢献プロジェクトを展開しながらオーガニックコットンを普及する事業であり、事業と関連が強い社会問題と、弱い問題の双方に取り組む事例である。最後に、検証結果に考察を加える。

2. 先行研究の検討

　本節では、まず企業による社会問題の解決と競争優位、とくにCSRが財務業績や経営資源に及ぼす影響をあつかった先行研究をサーベイする。その上でCSVを取り上げ、社会問題の解決を通して競争優位の構築を目指す上での定説をおさえていく。最後に、先行研究の課題と本研究の目的を明示する。

（1）CSRと競争優位

　企業による社会問題の解決と競争優位の関係については、CSRに取り組む企業が、そうでない企業と比べて財務業績が優れるかどうかを、統計的に検証した先行研究が蓄積されている。Margolis & Walsh（2003）は、1972年から2002年にかけてのCSRが財務業績に及ぼす影響に関する研究をメタ分析している。その結果、肯定的な見解が54、否定的な見解が7、どちらとも言えないとの見解が48であったという。

2000年代以降の研究では、CSRは直接的に財務業績に結び付くわけでなく、経営資源、とりわけ無形資産の強化を媒介し、財務業績に寄与するとの見方が強まってきている。つまり、CSRと財務業績の関係を表層的に捉えるだけでなく、財務業績を左右する競争優位との関係にまで、研究の射程が拡大してきたのである。蟻生・尾身（2009）によると、CSRは経営資源の充実に正の影響を与えるという。また、Surroca et al.（2010）やPadgett & Galan（2010）は、CSRに取り組む企業ほど、技術や研究開発力、人的資本、ステークホルダーからの評判といった無形資産が充実し、それらを媒介して財務業績に寄与するとの見解を示した。

これまでの議論は、研究によってCSRの対象が異なる点に注意が必要である。とくに2000年代以降は包括的にCSRを規定する研究だけでなく、フィランソロピーや不祥事の公表、環境対応といった特定の領域に限定して、財務業績や経営資源との影響を測定する研究も増えてきている（岡本2014）。またBrammer et al.（2006）によれば、CSRの内容によって、財務業績に正の影響を与えるものと負の影響をもたらすものに分かれるという。これらは、CSRと競争優位の関係は単純に捉えられる現象ではなく、状況依存的で複雑なメカニズムが働いているとの見方が強まってきていることを示唆している。

このように、CSRと競争優位の関係については、一定の評価が定まっていない。それでは、どのような場合にCSRが財務業績や、それを左右する経営資源の充実といった競争優位につながるのであろうか。その複雑なメカニズムを解明するためには、統計的な手法による一般化だけでなく、個別の事例から社会問題の解決を通して競争優位を構築するための新たな指針や方策を探ることも求められる。

（2）CSV（共通価値の戦略）

企業が社会問題の解決を通して競争優位を構築する指針や方策を示した最も代表的な先行研究の1つは、CSVであろう。Porter & Kramer（2006；2011）は、事業と関連が強い社会問題への取り組みを「戦略的CSR」、関連が弱いものを「受動的CSR」と分類し、あらゆる企業は前者に優先して

取り組むことで社会問題の解決と競争優位の構築を同時に実現できると主張している。

　Porter & Kramer（2006）によると、戦略的CSRとは「社会と企業にユニークかつインパクトの大きいメリットをもたらす活動に集中する」ことを指し、2つの要素からなる。第1は、「自社のケイパビリティをてこに競争環境の重要部分を改善する」こと。第2は、「バリューチェーンの事業活動を地域社会と戦略の両方に役立つものに変える」ことである。一方、受動的CSRとはステークホルダーをはじめとする「外部の声に対応する」ことを指し、これも2つの要素からなる。第1は、「善良な企業市民として行動し、ステークホルダーの社会的関心事の変化に対応する」こと。第2は、「事業活動の現実や未来の悪影響を緩和する」ことである（図1参照）。

　Porter & Kramer（2006）では、受動的CSRの第1の要素について、「一般的な社会問題」の解決は事業との関連が弱いことから、競争優位に寄与する可能性が低いという批判が述べられている。第2の要素についても、顕在化されていない影響を予見する困難性を論じ、悪影響の緩和はあくまで業務改善の域であり、仮に何らかの効果につながったとしても、競争優位

一般的な 社会問題の解決	企業が影響を及ぼしている 社会問題の解決	企業の競争環境に影響を 与える社会問題の解決
受動的CSR：事業との関連＝弱	バリューチェーンの事業活動の現実や未来の悪影響を緩和	自社のケイパビリティをてこに競争環境の重要部分を改善
善良な企業市民として行動し、ステークホルダーの社会的関心事の変化に対応	バリューチェーンの事業活動を地域社会と戦略の両方に役立つものに変える	
	戦略的CSR：事業との関連＝強	

図1　戦略的CSRと受動的CSRの要素
出所：Porter & Kramer（2006 邦訳 p.47）を参照して筆者作成。

を構築できるのは一時的であるといった批判が展開されている。

　一般的なCSRが、企業が社会の一員として、あまねくステークホルダーに対して果たすべき責任（Carroll 1991、Post et al. 2002）であるなら、戦略的CSRとは、バリューチェーンと競争環境への影響度合いの強弱によって、責任を果たすステークホルダーを選択し、そのステークホルダーが関わる社会問題に集中する戦略といえる。逆に、受動的CSRとは、どのステークホルダーも尊重し、あらゆる社会問題に広く対応することを指す。含意としては一般的なCSRと類似しているが、対応する社会問題やステークホルダーを能動的に選択する戦略的CSRと対比させる意味で、Porter & Kramer（2006；2011）は受動的CSRと表現したのであろう。つまりCSVとは、競争優位の構築に向けて、戦略的CSRを実行し、受動的CSRを排する「社会問題の選択・集中」戦略なのである。

　ここまでの議論から、CSVではつぎの前提が所与であることが分かる。それは、事業と関連が強い社会問題の解決は競争優位につながるが、関連が弱い問題の解決はつながらないという前提である。Porter & Kramer（2006；2011）では、その前提について十分な検証がなされていなかった。前節で扱ったCSRと競争優位の先行研究においても、CSRの活動内容と事業内容の関連によって、財務業績や経営資源に及ぼす影響が異なるかどうかを検証したものは、管見の限り存在しない。

　樋口（2020）は上記に対する問題意識から、ポジショニング理論とRBVに依拠して、戦略的CSRと受動的CSRが競争優位につながるメカニズムについて理論的に考察している。その結果、受動的CSRも競争優位につながる可能性が示唆され、具体的な事例を通した検証が今後の課題として位置付けられている。

（3）先行研究の課題と本研究の目的

　ここまでの議論から、先行研究の課題は、以下の2つに集約できる。第1に、個別の事例から、企業が社会問題の解決を通して競争優位を構築するための新たな指針や方策を探ることである。第2に、Porter & Kramer（2006；2011）では批判される受動的CSRが、競争優位を構築する可能性

を、具体的な事例から再検討することである。

　それらを踏まえて本研究の目的は、戦略的CSRと受動的CSRを同時に展開する事例を対象に、それらの競争優位に対する貢献を検証することとする。

　なお、受動的CSRを排する問題点について、CSRの観点から考察した先行研究には、Crane et al.（2014）やAakhus & Bzdak（2012）などが、競争戦略の観点から考察したものには、樋口（2020）がある。

　前者では、事業と関連が強い社会問題の解決だけを促すCSVが普及することで、企業が社会に対して果たす責任に偏りが生じ、それが社会全体の歪みとなり得るとの指摘がなされている。

　後者は、事業を通した社会問題の解決は競争優位の源泉どころか、競合他社との同質化を促す原因になり兼ねないとの見解を述べている。なぜなら、自社の事業と関連が強い社会問題の解決は、競合他社にとっても同様であり、横並びの取り組みに終始してしまう危険があるからである。とくにSDGsの拡大などに伴い、事業を通した社会問題の解決がビジネスの規範になりつつある目下（経団連 2017）、その危険はより大きいと考えられる。

　したがって、事業と関連が弱い社会問題を解決する受動的CSRが、競争優位を構築する可能性を見出すことは、CSRと競争戦略の両観点から一定の意義が見込まれる。

3. 仮説の構築

　本節では、戦略的CSRと受動的CSRが競争優位につながり得るかを、事例から検証するための仮説を構築していく。なお仮説の構築にあたっては、「ポジショニング理論」と、「RBV（リソース・ベースト・ビュー）」に依拠して進めていく。

　上記2つの理論を採用した理由は、以下の通りである。Porter & Kramer（2006；2011）でいう競争優位とはポジショニング理論に立脚しており、具体的にはその事業にとって望ましいバリューチェーンと競争環境が構築

されているかどうかが想定されている。したがって、経営資源や無形資産の強化など、いわゆるRBVの観点は考慮されていない。しかし、多くの先行研究において、経営資源がCSRと財務業績を媒介する点が指摘されている事実（第2節（1）参照）を踏まえるなら、ポジショニング理論だけでなく、RBVも視野に入れて、戦略的CSRと受動的CSRを再考する必要がある。

（1）戦略的CSRとポジショニング理論

ポジショニング理論における企業は、所属業界内で独自のポジションを実現するための様々な事業活動が展開されるべき集合体である。Porter（2008）は、ポジションの「独自性」と事業活動の「多様性」、それらの有機的なつながり、一貫性や結びつきを意味する「適合性」が競争優位の源泉であるとし、それを検証するための「活動システム・マップ」（図2参照）を提唱している。同フレームワークは、ポジションを実現するための具体的なテーマと活動間を全て線で結ぶことで、事業活動の多様性と適合性を可視化するものである[2]。

CSVでは、「外部ステークホルダーとの協働」は必須とされ、その対象は業界内にとどまらず、競争環境を構成する地域・社会のあらゆる主体が

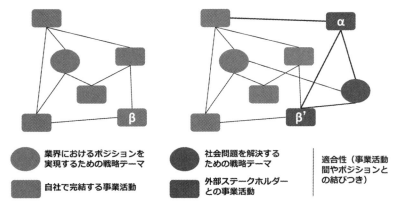

	業界におけるポジションを実現するための戦略テーマ		社会問題を解決するための戦略テーマ		適合性（事業活動間やポジションとの結びつき）
	自社で完結する事業活動		外部ステークホルダーとの事業活動		

図2　戦略的CSRによる活動システムの強化

出所：樋口（2020 p.182）

想定されている（Porter & Kramer 2011）。これを踏まえて、バリュー
チェーンや競争環境の改善につながる社会問題の解決（戦略的CSR）を、
事業活動として組み込んだ場合の活動システム・マップを考える。

　図2の左部は、所属業界におけるポジションを実現する戦略テーマに基
づいて、自社で完結する事業活動を展開する企業の活動システム・マップ
をあらわしている。右部では、これに社会問題を解決するためのポジショ
ンが加わり、その問題に関わる外部ステークホルダーを支援する事業活動
が展開され（*a*）、さらに事業活動の一部（*β*）が外部ステークホルダーと
の協働展開（*β'*）に変わった。それらによって、事業活動の合計数が5か
ら6に増加し、活動間の適合性も太線の分だけ強化されている。

　上記を踏まえれば、少なくとも社会問題の解決に取り組む方が、業界内
だけで競争するよりも、新たなポジションや、事業活動における多様性と
適合性を確立する余地は大きそうである。ただしそれが成立するためには、
社会問題の解決が業界内のポジションと矛盾せず、かつ事業活動に組み込
まれる必要がある。ゆえに、自社事業と関連が強い戦略的CSRの方が、受
動的CSRよりも活動システム・マップとの親和性が高く、望ましいと考え
られる。

　以上により、戦略的CSRが、「仮説Ⅰ：ポジショニングの領域を拡張す
る」「仮説Ⅱ：事業活動の多様性を高める」「仮説Ⅲ：活動システムの適合
性を高める」という3つの仮説を設定する。

（2）受動的CSRとRBV（リソース・ベースト・ビュー）

　RBVでは、その企業特有の経営資源や、それらを適切に活用するための
ケイパビリティこそ競争優位の源泉であり、それらが希少性や社会的な複
雑性を帯びているか、それらの因果関係が見えにくいものであるかが収益
性を左右するという（Barney 2001）。

　そうした希少性や複雑性が高く、因果関係の見えにくい経営資源やケイ
パビリティは、どこから得やすいのであろうか。多くの先行研究では、取
引先や顧客といった関係が深いステークホルダーよりも、異業種や事業地
域外のNPO・NGOといった関係が浅いステークホルダーからの方が、得

られる可能性が高いと指摘されている（Granovetter 1973、金井 1993、Hart & Sharma 2004）。

　関係が深いステークホルダー同士は社会的距離が近く、価値観や、保有する情報、経営資源、ケイパビリティが似通いがちである。また、自社にとって重要で関係が深いステークホルダーは、競合他社にとっても同様に重要で関係が深い場合も少なくない。その一方、関係が浅いステークホルダーは、自社とは異なるネットワークを有し、競合他社とも関係が浅い方が普通である。ゆえに、そこから得られる情報、経営資源、ケイパビリティは異質であり、競合他社からすると希少かつ複雑で、因果関係が見えにくい要素を含む可能性が高いのである（同上）。

　上記は、社会問題の解決を通して接するステークホルダーでも同様のことが言える。戦略的CSRとは、バリューチェーンと競争環境への影響度合いの強弱によって、責任を果たすステークホルダーを選択し、そのステークホルダーが関わる社会問題に集中する戦略であり、受動的CSRとは、あまねくステークホルダーからの要請に従うことを指すのであった。つまり、戦略的CSRは自社や事業と関係が深いステークホルダーに横たわる問題を解決し、受動的CSRは逆に関係が浅いステークホルダーに横たわる問題を解決する取り組みであると解釈できる。

　CSVにおいて、外部ステークホルダーとの協働が必須（Porter & Kramer

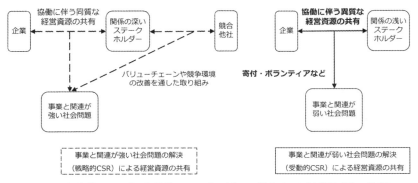

図3　戦略的 CSR と受動的 CSR を通して得られる経営資源の差異

出所：樋口（2020 p.189）

2011）であるなら、受動的CSRを通して接するステークホルダーから得られる経営資源やケイパビリティの方が、希少性や複雑性が高く、因果関係も見えにくく、競争優位につながる可能性が高いと考えられる。逆に、全ての企業が事業と関連が強い戦略的CSRだけに取り組めば、得られる経営資源やケイパビリティが同質化してしまい、競争劣位に陥る可能性さえ懸念される。これらを図式化したものが図3である。

以上を踏まえて、受動的CSRが、「仮説Ⅳ：資源の獲得につながる」「仮説Ⅴ：ケイパビリティの向上につながる」という2つの仮説を設定する。

4. 事例の分析

本節では、まず第3節で構築した仮説を検証するにあたって、適切な事例を選定していく。つぎに調査と分析の方法を説明する。最後に分析の結果について論じる。

(1) 事例の選定

本研究の目的は、戦略的CSRと受動的CSRを展開する事例を対象に、それらの競争優位に対する貢献を検証することであった。その目的を達成するには、少なくとも以下の2つの条件を満たす事例を選定する必要がある。

第1の条件は、戦略的CSRと受動的CSRの両方を展開していることである。第2の条件は、CSVを実現（社会的価値と経済的価値を創出）していることである。

2つの条件を満たす事例において、形成されている競争優位の背後にある要因が、戦略的CSRと受動的CSRのいずれであるかを峻別することで、研究目的が達成されるであろう。

以上を踏まえて、本研究の分析対象は、繊維専門商社の豊島株式会社[3]（以降、豊島社とする）が展開するオーガニックコットン[4]普及プロジェクト「オーガビッツ」とした。

オーガビッツは、国内の綿花の約6割を扱う豊島社が、コットン農業における農薬被害を解決[5]するべく2005年に開始した、オーガニックコット

ンやそのテキスタイルの輸入・販売事業（以降、オーガニックコットン販売とする）である。完成品におけるオーガニックコットン含有率を100％にこだわらず（10％以上）、化学染色やプリントも可としている点に特徴がある。顧客のアパレルブランドは低価格でデザイン性の高いオーガニックコットン含有商品を、オーガビッツとして企画・販売できる（図4参照）。

　2008年からは、オーガビッツの商品が1点購入されるごとに、売り上げの一部を社会貢献プロジェクトに寄付する仕組みも導入された。全7つのプロジェクト[6]の内、オーガニックコットンに関連するものは1つしかなく、他は東日本大震災の復興支援やウミガメの保護など、繊維事業とは関連が弱いものばかりである（表1参照）。

　ここまでのプロジェクト概要から、第1の条件について次のように整理できる。繊維専門商社の豊島社にとって、オーガニックコットン販売は戦略的CSRに位置付けられ、繊維事業とは必ずしも結びつかない社会貢献プロジェクトに対する寄付は受動的CSRに位置付けられる（図4参照）。したがって、本事例は第1の条件を満たしている。

　第2の条件については、以下の5つの実績を各種2次資料[7]から確認する

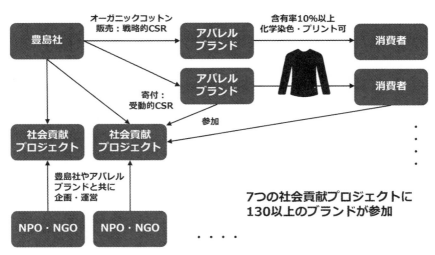

図4　オーガビッツの概要と戦略的CSRおよび受動的CSRの位置づけ
出所：中間・江口（2015）、『オーガビッツHP』を参考に筆者作成。

表1　オーガビッツにおける社会貢献プロジェクトの概要

さくら並木 プロジェクト	東日本大震災での被害を風化させないために、将来予測される大津波の際に避難の目標になるようにという願いを込め、津波の到達地に桜を植えるプロジェクト。
Because I am a Girl	途上国の女の子たちの問題を訴え彼女たちが「生きて行く力」を身につける活動を支援するプロジェクト。
ブルーオーシャン プロジェクト	ウミガメ保護、海洋動物や海浜環境の保全を行い、海岸のそばで暮らす人、漁業者の暮らしや文化の保全の方法を模索し、実現していくプロジェクト。
クリニクラウン	クリニクラウン＝臨床道化師が、入院生活を送る子供たちの病室を定期的に訪れ、遊びやコミュニケーションを通して成長をサポートするプロジェクト。
ボルネオ環境保全 プロジェクト	マレーシアボルネオ島のアブラヤシプランテーション乱開発によって激減した熱帯雨林を買い取ることで、野生動物が暮らす豊かな環境を後世に残すプロジェクト。
クリステル・ヴィ・ アンサンブル	犬や猫の殺処分ゼロを目指す「Project Zero」と、絶滅危惧種を守り生物多様性保全に取り組む団体を支援する「Project Red」を支援するプロジェクト。
ピース・バイ・ ピース・コットン プロジェクト	オーガニックコットン商品を基金付きで販売し、その基金を生かして再度オーガニックコットンを栽培するプロジェクト。

出所：『オーガビッツ HP』を参考に筆者が作成。

ことができた。

① 　オーガニックコットン販売は15年、社会貢献プロジェクトは13年の継続実績がある
② 　3年目に社会貢献プロジェクトを開始し、その翌年に損益分岐点を突破した
③ 　取引ブランド数は、2010年には30、2015年には70、2020年には130を超える
④ 　累計販売アイテム数は2020年時点で、800万点を超える
⑤ 　累計寄付額は2020年時点で、4000万円を超える

　①③④からは経済的価値の創出を、①⑤からは社会的価値の創出をしていることが確認できる。さらには、②から社会貢献プロジェクト＝受動的CSRも経済的価値につながった可能性が高いことも伺える。上記を以って、第2の条件も満たすと解釈する。

（2）調査と分析の方法

　調査方法としては、オーガビッツの発起人と担当者に半構造化インタビュー調査を実施した。日時や実施時間、インタビュー方法などの詳細は、表2を参照されたい。

　インタビューイーになるべく自由に話してもらい、かつオーガビッツの競争優位につながった要因が、戦略的CSRと受動的CSRのいずれであったのかを峻別しやすくするため、インタビューは下記の3段階で進行した。

①　オーガニックコットン販売と社会貢献プロジェクトの発足から現在に至るまでの経緯についてそれぞれ質問
②　オーガニックコットン販売（戦略的CSR）が、競争優位の構築につながったかどうかをポジショニング理論、RBVの2つの観点から咀嚼して質問
③　社会貢献プロジェクト（受動的CSR）についても、②と同様の形式にて質問

　インタビューから得られた口述データは、全て文字に起こし、以下の手順で分析を進めた。

①　口述データを1文ずつ見直し、競争優位につながったと示唆される発

表2　インタビュー調査の概要

	第1回	第2回
日時	2015年7月7日（火）	2019年11月20日（水）
実施時間	90分18秒	67分50秒
インタビュー方法	会議室における対面でのインタビュー	
インタビューイー	オーガビッツの発起人1名、担当者1名の計2名	
インタビューアー	筆者を含む計3名	

出所：筆者が作成。

言を抜粋

（例：売り上げが伸びた、取引相手が増加したなど）

② ①を、仮説Ⅰ〜Ⅴ（表3参照）の内、最も合致するものに分類

③ ②の背景にある要因が、戦略的CSRと受動的CSRのどちらに該当するか峻別

例えば、「オーガビッツを始めて、5年目位から、オーガニックコットンの事業に携わりたいことを理由に、豊島を志望する就活生が増えました」という発言があったとしたら、オーガニックコットン販売（戦略的CSR）が人材の獲得につながったといえるので、戦略的CSRによる「資源の獲得につながる」にカウントする（表3参照）。

分類や峻別にあたっては、データの解釈の偏りを防ぐために、インタビュアーの3名それぞれが作業した後、相互比較を行い、全員が同意するまで議論を行った。その際、全員の同意が得られないものに関してはカウント対象から除外した。

また、同一の内容について複数回発言することもあり得るので、上記を発言内容とその数によって再集計する作業も行った（表4参照）。

（3）分析の結果

前述した分析の方法で得られた結果を、発言回数をベースに集計したも

表3　発言回数をベースにした分析結果の集計表

仮説	仮説内容	戦略的CSR	受動的CSR
Ⅰ	ポジショニングの領域を拡張する	5	6
Ⅱ	事業活動の多様性を高める	5	9
Ⅲ	活動システムの適合性を高める	10	10
Ⅳ	資源の獲得につながる	3	5
Ⅴ	ケイパビリティの向上につながる	10	7

出所：筆者が作成。

表4　発言内容をベースにした分析結果の集計表

仮説	戦略的CSR	発言内容
I	2	オーガニックコットンのリーディングカンパニーというポジション／オーガニックコットン含有率100%にこだわらないというポジション（独自の商品規格）
II	2	オーガニックコットンの取り扱い／異業種との取引増加
III	3	異業種とのコラボ商品に発展／品質の向上／トレーサビリティ・透明性
IV	2	ブランド（表彰、メディア等）／組織のアイデンティティ
V	2	営業・販売力（リード獲得）／組織の意識統一・結束力

仮説	受動的CSR	発言内容
I	1	気軽に社会貢献を通して差別化できるというポジション
II	2	同業種との取引増加／顧客や消費者、著名人を巻き込んだイベントや社会貢献活動
III	2	エンドユーザーとの接点／NPO・NGOとのコラボ商品に発展
IV	3	ステークホルダーからの信頼／事業や商品のアイデア／ブランド（表彰、メディア等）
V	3	営業・販売力（提案・成約）／モチベーション・チャレンジ精神／創造性

出所：筆者が作成。

のが表3、発言内容をベースに再集計したものが表4である。一見して分かる通り、戦略的CSRと受動的CSRの双方とも、ポジショニング理論とRBV、いずれの競争優位にも貢献することが示唆された。

　以降、仮説ごとに分析結果を概観していく。なお、仮説を満たしたと解釈した発言の一部を、表5に掲載している。

　仮説Iについては、戦略的CSRが仮説を満たしたと解釈できる発言が5回あり、内容としてはオーガニックコットンのリーディングカンパニーとしてのポジションや、独自のオーガニックコットン商品規格の確立などにつながっていた。一方、受動的CSRが仮説を満たしたと解釈できる発言は6回あり、内容としては顧客のアパレルブランドにおけるポジション領域の拡張に貢献していた。

　仮説IIについては、戦略的CSRが仮説を満たしたと解釈できる発言が5

表5　戦略的CSRと受動的CSRが仮説Ⅰ～Ⅴにつながったと
　　　解釈した発言の一例

仮説	戦略的CSRが仮説Ⅰ～Ⅴにつながったと解釈した発言の一例
Ⅰ	（オーガニックコットンの普及が第1と考え、）100%でなければいけない、染めてはいけないというこれまでのイメージを打ち破り、10%使えば良い、プリントや染色も可という新しいルールを作り、業界に浸透させていったのです。
Ⅱ	他社さんや他業界さんとのコラボレーションが増えました。アパレル業界を超えて、ここまでいろんなことを一緒にできる企業は、オーガビッツ以外には無いのかなって考えていますね。
Ⅲ	検査機関と契約をして糸の証明書を発行したり、流通過程の情報管理を徹底したトレーサビリティなど倫理的対応も徹底しています。社会的な目的を掲げる以上、品質や透明性の向上に努めなければいけません。
Ⅳ	オーガビッツという名前には、「オーガ」ニックコットンを「ちょっと（bits：ビッツ）ずつ」広げていこうという想いが込められていて、これが豊島の組織風土にもなりつつあると感じています。自分で出来ることを考えて少しずつ実行する社員が増えてきていますね。
Ⅴ	営業企画室がオーガビッツを運営しているんですけど、他の部署の営業活動の入り口を作ってあげる役割が大きいです。

仮説	受動的CSRが仮説Ⅰ～Ⅴにつながったと解釈した発言の一例
Ⅰ	豊島にファンド（社会貢献プロジェクト）があって、ものを買うことで、なにか良いことにつながるというストーリーができたことで、オーガビッツがドンと広がりました。
Ⅱ	社会貢献プロジェクトがあることで、私たちもこれやりたいっていうブランドさんの気持ちにつながっていくので、何か良いことしたいって思ったとき、このプロジェクトの支援ができるならオーガビッツに頼もうということで、売り上げの増加にはつながっていると思います。
Ⅲ	オーガニックコットンと一見関係がない社会貢献プロジェクトを（オーガビッツの商品に）紐付けるのか、疑問に思うかもしれません。でも、購入者の視点で考えてみると、コットン生産を取り巻く社会問題に関して、遠く離れた国の問題であるためイメージしづらい方でも、自分の買い物がウミガメや病児を支援できるといった、より身近な社会貢献につながる実感が沸きます。
Ⅳ	誠実な活動を含めて、（社会貢献プロジェクトを）継続していく中で、徐々に徐々にブランドさんや（非政府・非営利）団体さんからの信頼とか、あるいは関係性が深まってきているのを感じます。
Ⅴ	社会貢献プロジェクトを一緒に（オーガビッツの商品に）くっつけることで、今までにない売り方をできるようになります。そういうプロモーションがファッションブランドの中では全くなかったので、参加（契約）の後押しには、かなりつながったと聞いていますね。

出所：インタビュー記録を元に筆者が作成。
※紙幅の制約上、全ての内容について根拠とした発言を掲載することは叶わなかった。
　また一部、内容や事実関係について、筆者が要約、およびカッコで補足している。

回あり、内容としてはオーガニックコットンの取扱量や異業種における取引の増加につながっていた。一方、受動的CSRが仮説を満たしたと解釈できる発言は9回あり、内容としては同業種における取引の増加や、顧客や消費者（エンドユーザー）、著名人などを巻き込んだイベントや社会貢献活動[8]の展開に貢献していた。

　仮説Ⅲについては、戦略的CSRが仮説を満たしたと解釈できる発言が10回あり、内容としては異業種とのコラボ商品の展開[9]や、コットンの品質向上、サプライチェーンの透明性・トレーサビリティの強化[10]につながっていた。一方、受動的CSRが仮説を満たしたと解釈できる発言は10回あ

り、内容としては消費者（エンドユーザー）との接点や、NGO・NPOとのコラボ商品の展開[11]に貢献していた。

　仮説Ⅳについては、戦略的CSRが仮説を満たしたと解釈できる発言が3回あり、内容としては、表彰[12]やメディア取材などを通したブランディング、組織のアイデンティティ形成につながっていた。一方、受動的CSRが仮説を満たしたと解釈できる発言は5回あり、内容としては、先ほどと同様に表彰やメディア取材などを通したブランディングや、新たな事業や商品のアイデア、さらにはステークホルダーからの信頼にまで貢献していた。

　仮説Ⅴについては、戦略的CSRが仮説を満たしたと解釈できる発言が10回あり、内容としてはリード獲得（顧客開拓）段階における営業・販売力の強化、組織の意識統一、結束力につながっていた。一方、受動的CSRが仮説を満たしたと解釈できる発言は7回あり、内容としては提案・成約段階における営業・販売力の強化、従業員のモチベーションやチャレンジ精神、創造性に貢献していた。

5. 考　　察

　前節までに、戦略的CSRだけでなく、受動的CSRも競争優位につながり得ることを示唆することができた。本節では、事例分析を通して得られた仮説外の現象について考察を加えていく。

（1）仮説の検証
　戦略的CSRは「ポジショニング領域の拡張」、「事業活動の多様性」、「活動システムの適合性」につながり、受動的CSRは「資源の獲得」、「ケイパビリティの向上」につながるという本研究の仮説は、事例分析を通して首尾よく支持された。

　その一方、①戦略的CSRは「資源の獲得」、「ケイパビリティの向上」にもつながり、②受動的CSRも「ポジショニング領域の拡張」、「事業活動の多様性」、「活動システムの適合性」につながるという、仮説とは逆の結果も見られた。

　①について、事業と関連が強い社会問題は競合他社にとっても同様であり、戦略的CSRを通して得られる経営資源・ケイパビリティに差別性が見込めない懸念を述べた（第3節（2）参照）。しかし、市場の実際としては、事業を通した社会問題に取り組む事例自体が稀有で、同質化が懸念されるほど、CSVが浸透していなかった可能性が考えられる。表5の上表・仮説Ⅰの発言からも、それが伺い知れる。もし、本研究の対象である国内のファッション業界より、CSVが浸透している市場であれば、①の結果は見込めないかもしれない。

　②について、事業と関連が弱い受動的CSRは、自社のポジションや事業活動間との適合性の観点からは望ましくないと述べた（第3節（1）参照）。しかし、CSVでは外部ステークホルダーとの協働が必須（Porter & Kramer 2011）であり、事業活動は自社だけでなく、多様な主体によって構成される。その場合、自社にとっては事業と関連が弱い受動的CSRでも、事業活動を構成する他のステークホルダーにとっては関連が強い戦略的CSRになり得る社会問題の解決が、②に結び付く可能性が考えられる。表5の下表・仮説Ⅲの発言からも、社会貢献プロジェクトが豊島社にとっては受動的CSRであっても、その顧客となるアパレルブランドにとっては戦略的CSRとして位置付けられるとの解釈ができる。

　①や②は、その企業が属する業界や協働相手などによって、戦略的CSRと受動的CSRそれぞれの競争優位に対する貢献が変化する可能性を示唆している。それらを一般化するためには、条件の異なる複数の事例を分析することが求められるであろう。

（2）CSRブースト

　事例分析では、仮説の構築段階において全く想定していなかった現象も見られた。具体的には、仮説Ⅰ～Ⅴのいずれにおいても、戦略的CSRと受動的CSRがそれぞれ独立して競争優位の構築に貢献するだけでなく、双方を同時に展開することでより強固な競争優位が構築される傾向があったのである（図5参照）。

　仮説Ⅰでは、戦略的CSRと受動的CSRの双方が合わさることで今までに

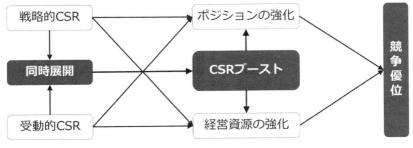

図5　CSR ブーストの構図

出所：筆者が作成

　なかった独自のポジションを確立していた。具体的には、オーガニック
コットン商品の新しい規格（含有率10％以上、化学染色・プリントも可）
と、多様な社会貢献プロジェクトに気軽に参加できるという特徴が合わさ
ることで、顧客のアパレルブランドを惹きつけ、取引数を伸ばしていった。
低価格かつデザイン性が高いアイテムを、ターゲットが関心のある社会貢
献プロジェクトに紐付けて展開できるという唯一無二のポジショニングを
確立したのである。

　仮説Ⅱでは、戦略的CSRが異業種の新規顧客を開拓した一方で、受動的
CSRも同業種における取引の増加に貢献していた。前者は、アパレル以外
のコットン商品を手掛けるメーカーが、オーガビッツを採用したためであ
る。後者は、アパレルブランドが社会貢献プロジェクトを通した差別化を
狙い、オーガビッツを取り入れたためである。したがって、両方のCSRを
展開することで業界内外の事業活動が多様化し、確固たる顧客基盤の構築
できたと解釈できる。

　仮説Ⅲでは、戦略的CSRがトレーサビリティの強化や新商品の開発と
いった直接的な取引先との新しい展開につながり、受動的CSRを通して消
費者（エンドユーザー）との関わりが深まっていた。前者では、オーガ
ニックコットンの普及という社会問題の解決が、単なるコットンの取引に
とどまらず、共に品質を向上させようといった姿勢や、オーガニックコッ
トン商品の企画にまで発展した。後者では、繊維専門商社が消費者に認知

されることは珍しい中、より身近な社会貢献プロジェクトを展開することで、消費者との接点を創出したのである。つまり、両方のCSRを通して、サプライチェーン全体の結び付き、まさに事業活動の適合性が強化されたと言える。

仮説IVでは、戦略的CSRが豊島社のインナーブランディングに寄与し、受動的CSRはアウターブランディングにつながっていた。前者については、豊島社内でオーガビッツのコンセプトが組織アイデンティティの形成につながったという。後者については、13年におよぶ社会貢献プロジェクトの実績が、多様なステークホルダーからの信頼につながったという。ゆえに、両方のCSRを展開することで、組織内外で豊島社のブランドが構築されたと考えられる。

仮説Vでは、営業において戦略的CSRがリード獲得（顧客開拓）の武器となり、受動的CSRが魅力的な提案内容に貢献していた。繊維を扱う豊島ではすべての営業担当にとってオーガニックコットンは顧客開拓の武器となり、社会貢献プロジェクトを絡めた魅力的な提案内容が取引の成約を助けたのである。両方のCSRを通して、営業・販売力を強化されたことが伺える。

以上により、戦略的CSRと受動的CSRの双方が合わさることで、よりユニークな差別性が実現されていたり、組織力が高まったりといった強固な競争優位が構築される可能性が示唆された。この現象を「CSRブースト」と称することにする（図5参照）。

6. おわりに

本研究の目的は、戦略的CSRと受動的CSRが競争優位につながり得るかを検証することであった。

そのためにまず、先行研究のサーベイを通して、以下の2点を確認した。第1は、CSRと競争優位の関係は、一定の評価が定まっておらず、個別の事例から社会問題の解決を通して競争優位を構築するための指針や方策を探る必要があるということである。第2は、CSVでは、事業と関連が強い

社会問題に取り組む戦略的CSRが推奨されるものの、受動的CSRが競争優位につながらないという言説は、根拠薄弱であり、そこに問題があるということであった。つぎに、事例の分析に向けて、ポジショニング理論の文脈では戦略的CSRが、RBVの文脈では受動的CSRが競争優位につながるという仮説を構築した。

　最後に、豊島株式会社のオーガニックコットン普及プロジェクト「オーガビッツ」を対象に仮説の検証を行った。その結果、戦略的CSRと受動的CSRのいずれも、企業のポジションと経営資源を強化し得ることが分かった。また、両方のCSRを展開することで、より強固な競争優位につながる「CSRブースト」を見出すことができた。

　本研究の貢献は、以下の2点である。第1に、Porter & Kramer（2006；2011）では競争優位につながらないと批判される受動的CSRを再検討し、競争上の意義があることを示した点。第2に、戦略的CSRと受動的CSRの双方を展開することで、競争優位がより強化される「CSRブースト」を見出した点である。

　今後の研究課題としては、以下の2点が挙げられる。第1に、本研究は単一の事例分析にとどまっているため、普遍性を追求する余地が大きい。業界や企業規模、対象市場、社会問題の種類など、条件が異なる他の事例においても、受動的CSRが競争優位に貢献するか、「CSRブースト」が確認できるかなどを検証する必要がある。第2に、本研究では受動的CSRの競争優位に対する貢献、ならびに「CSRブースト」を示唆するまでにとどまっている。そのプロセスやメカニズムを詳細に解明するまでには至っていない。さらなるフィールド調査を通して、企業が実際に取り得る方策やアクション・プランといった実践的な知見を体系化していかなければならない。

注
　　1)　ここでいうフィランソロピーとは、企業が自らの裁量で実施する寄付やボランティアといった慈善活動の全般を指し、CSRに包含される概念である（Carroll 1991）。
　　2)　活動システム・マップの意義についてPorter（2008）は、「いかなる活動でも、

競合他社がそれを完璧に模倣できる確率は1より小さい。活動システム全体を模倣すれば、0.9 × 0.9 = 0.81、また0.9 × 0.9 × 0.9 × 0.9 = 0.66といった具合に、確率はいっきに下がり、模倣は非現実的となる」と述べている。

3) 豊島株式会社は、1814年に綿花を生業として創業された繊維専門商社である。主な事業内容として、各種繊維品の卸売、輸出入及び三国間貿易を行う（豊島株式会社HP）。

4) オーガニックコットンとは、「農薬や化学肥料を3年以上使っていない農地で有機栽培された綿花」を指す（末吉2016）。

5) コットン畑の栽培面積は、世界の耕地面積の約2.5％である。しかし、世界で使用されている農薬・化学肥料のうち、15％以上がコットンに使用されており、生産者への健康被害や生態系への悪影響などが社会問題となっている（末吉2016）。

6) 2021年2月9日時点（オーガビッツHP）。

7) 繊維ニュース（2020）、ソーシャルプロダクツ普及推進協会（2020）、中間・江口（2015）、『オーガビッツHP』、『豊島株式会社HP』。

8) 例えば、「さくら並木プロジェクト」では、Jリーグ「ベガルタ仙台」の試合に協賛して「オーガビッツマッチデー」を共催し、被災地の子供たちによるエスコートキッズやプロジェクトのPRブースなどを企画・実施した。他にも、仙台を拠点とする人気バンド「MONKEY MAJIK」とコラボレーションして、ツアーTシャツを販売している（Lee 2018）。

9) 豊島社（2019）「国内初のオーガニックコットンを配合したおむつ「ナチュラルムーニー」、日本最大の普及プロジェクト『オーガビッツ』をベビーケア用品業界で初めて採用！」(https://prtimes.jp/main/html/rd/p/000000080.000027658.html) 2021年2月1日閲覧。

10) トレーサビリティの体制が整ったことで、2020年には生産農場や紡績工場まで遡ることができるオーガニックコットン糸ブランド「TRUECOTTON」のローンチに至った。※豊島社（2020）「生産者の顔がみえるトレーサブルオーガニックコットン糸ブランド〝TRUECOTTON〟が本格ローンチ。」(https://www.toyoshima.co.jp/news/detail/209) 2021年2月1日閲覧。

11) 豊島社（2018）「さくら並木プロジェクト×オーガビッツ 津波到達点に桜植樹プロジェクト支援商品発売」(https://prtimes.jp/main/html/rd/p/000000016.000027658.html) 2021年2月1日閲覧。

12) 「2013年度グッドデザイン賞」(https://www.g-mark.org/award/describe/40542)、「ソーシャルプロダクツ・アワード2015特別賞」(http://www.apsp.or.jp/spa_award_year/2015) など。※2021年2月1日閲覧。

参考文献

Aakhus, M. & Bzdak, M.（2012）Revisiting the role of "shared value" in the business-society relationship. *Business and Professional Ethics Journal*, 31（2）, 231-246.

Barney, J. B.（2001）*Gaining and Sustaining Competitive Advantage: 2nd（Second）edition.* Pearson Education.

Brammer, S., C. Brooks, & S. Pavelin（2006）Corporate Social Performance and Stock Returns: UK Evidence from Disaggregate Measures. *Financial Management*, 35（3）, 97-116.

Carroll, A. B.（1991）The pyramid of corporate social responsibility: Toward the moral management of organizational stakeholders. *Business horizons*, 34（4）, 40-48.

Crane, A., Palazzo, G., Spence, L. J., & Matten, D.（2014）Contesting the value of "creating shared value". *California management review*, 56, 130-153.

Granovetter, M. S.（1973）The strength of weak ties. *American Journal of Sociology*, 78（6）, 1360-1380.

Hart, S. L. & Sharma, S.（2004）Engaging fringe stakeholders for competitive imagination. *Academy of Management Perspectives*, 18（1）, 7-18.

Margolis, J. D., & Walsh, J. P.（2003）Misery loves companies: Rethinking social initiatives by business. *Administrative science quarterly*, 48（2）, 268-305.

Padgett, R. C., & Galan, J. I.（2010）The effect of R&D intensity on corporate social responsibility. *Journal of Business Ethics*, 93（3）, 407-418.

Porter, M. E. & Kramer, M. R.（2006）Strategy and Society: The Link Between Competitive Advantage and Corporate Social Responsibility. *Harvard Business Review*, December.（村井裕訳「競争優位のCSR戦略」『DIAMOND ハーバード・ビジネス・レビュー』2008年1月号、36-52）

Porter, M. E.（2008）*On Competition*. Harvard Business School Press.（竹内弘高訳『競争戦略論Ⅰ』、『競争戦略論Ⅱ』ダイヤモンド社、2018）

Porter, M. E. & Kramer, M. R.（2011）Creating Shared Value: How to Reinvent Capitalism —and Unleash a Wave of Innovation and Growth. *Harvard Business Review*, January, 62-77.

Post, J. E., Lawrence, A. T., & Weber, J.（2002）*Business and society: Corporate strategy, public policy, ethics.* McGraw-Hill Companies.

Surroca, J., Tribo, J. A., & Waddock, S.（2010）Corporate responsibility and financial performance: The role of intangible resources. *Strategic management journal*, 31（5）, 463-490.

蟻生俊夫・尾身祐介（2009）「欧米企業におけるCSR推進の意義と取り組み動向」『電力中央研究所報告』電力中央研究所、Y研究報告、1-35。

岡本大輔（2014）「CSP-CFP関係再考―トップ・企業全体のCSR取組み状況―」『三田商学研究』56（6）、65-79。

金井壽宏（1993）『ニューウェーブマネジメント―思索する経営』創元社。

経団連（2017）「『企業行動憲章』の改定について」（https://www.keidanren.or.jp/announce/2017/1108.html）2021年6月20日閲覧。

末吉里香（2016）『はじめてのエシカル人、自然、未来にやさしい暮らしかた』山川出版社。

繊維ニュース（2020年8月28日付）「豊島『オーガビッツ・プロジェクト』8月29日は『オーガビッツの日』」。

ソーシャルプロダクツ普及推進協会（2020）「ソーシャルプロダクツ・インタビュー―豊島株式会社『オーガビッツ』―」（http://www.apsp.or.jp/casestudy/orgabits/）2021年2月9日閲覧。

中間大維・江口泰広（2015）『その商品は人を幸せにするか ソーシャルプロダクツのすべて』ファーストプレス社。

樋口晃太（2020）「『社会問題の解決』が企業の競争優位につながるメカニズムの理論的考察―CSV（共通価値の戦略）を中心に―」『企業研究』37、167-191。

「オーガニックコットンが咲かす桜」『LEE（リー）』2018年4月号、集英社、112-113。

『オーガビッツHP』（http://orgabits.com/）2021年2月9日閲覧。

『豊島株式会社HP』（https://www.toyoshima.co.jp/）2021年2月9日閲覧。

（ひぐち こうた／中央大学）

『現代経営学の基本問題』

百田義治先生古希記念論文集刊行委員会　編、中央経済社、2020年

所　　伸　之

1．本書の問題提起

　本書は百田義治先生の古希を記念して有志が集まり、企画、出版された古希記念論文集である。『現代経営学の基本問題』というタイトルの下に18名の執筆者による論稿が収められており、その内容は多岐に渡っている。各章の内容については後段で述べることとし、ここでは本書が読者に対して問いかけている問題とは何かについて言及しておきたい。

　経営学は過去100年間に社会科学の一領域として発展を遂げ、その射程を拡大してきた。F.W.テイラーにより『科学的管理法』が提唱された20世紀の初頭においては工場の作業管理の効率化が主たる関心事であったが、その後、管理論、組織論、戦略論と関心領域が広がり、理論的な深化が図られてきた。そしてその過程において他の学問領域、すなわち経済学、法学、心理学、工学等の知見を積極的に取り入れ、吸収することで学問的な進化を遂げてきた。経営学が学際的な性格を有しているのはそのためである。今日、経営学が射程とする領域は極めて広範に及び、しかも現在進行形で拡大を続けている。このことは社会科学における経営学のプレゼンスの相対的な高まりを示しているが、その一方で方法論の確立をめぐる議論は遅れており、拡大する射程の現状に追い付いていないのが実情である。

その結果、近年の経営学研究の中には表層的な分析とそれに基づいた無味乾燥なインプリケーションの提示のみに終始した浅薄な研究も一部で散見される状況下にある。こうした事態は学問としての経営学への信頼性を揺るがし、今後の発展に悪い影響を及ぼす可能性がある。

　本書は拡大を続ける経営学の対象領域を表層的に追い求めるのではなく、対象領域を深掘りし、理論的な深化を図る必要性があることを読者に問いかけている。そしてそのためには各々の対象領域で何が問題となっているのかを明らかにしなければならない。

　問題の所在と性格を認識せずに表層的な事象のみを追いかけても有為な知見を得ることは出来ないからである。本書の18人の執筆者は「経営学の基本問題」という命題の下、各人の専門領域における基本問題を洗い出し、読者に対して当該領域において何が問題であるのかを伝えようと試みている。このメッセージこそが本書に通底する意図であり、読者の知的好奇心を刺激する役割を果たしていると言える。

2.　本書の構成と各章の内容

　本書は18章で構成されており、2部構成となっている。第Ⅰ部は「現代企業論の基本問題」であり、第1章から第6章まで6つの論稿が収められている。第Ⅱ部は「現代経営学の基本問題」であり、第7章から第18章まで12の論稿が収められている。各章のタイトルおよび執筆者は以下の通りである。

【第Ⅰ部　現代企業論の基本問題】
　第 1 章　現代企業論の基本問題（松田健）
　第 2 章　現代企業統治論の基本問題
　　　　　　―利害関係者受託者責任と多元的企業統治（風間信隆）
　第 3 章　現代多国籍企業論の基本問題
　　　　　　―デジタルな世界で進むグローバルな分断と社会的な課題
　　　　　　　　　　　　　　　　　　　　　　　　　　　　（夏目啓二）

　次に各章の内容について略述しておきたい。上記したように本書は 2 部構成となっており、第I部は【現代企業論の基本問題】をテーマにした 6 つの論稿が収録されている。「現代企業論の基本問題」（第 1 章）では、所有・出資という伝統的な企業論における考察対象に従業員という新たな要素を加えることより浮かび上がってくる「企業論」の課題を明らかにしている。

　「現代企業統治論の基本問題―利害関係者受託者責任と多元的企業統治」（第 2 章）では、エバン＝フリーマンの「現代株式会社の利害関係者論：カント資本主義」（1998）の論文に依拠しながら従来の企業統治の支配モデルである「株主価値重視」とは一線を画した「多元的企業統治」モデルの

意義を論じ、従来モデルと多元的モデルの統合可能性について言及している。

　「現代多国籍企業論の基本問題—デジタルな世界で進むグローバルな分断と社会的な課題」（第3章）では、デジタル市場で進行している米国のGAFA（グーグル、アマゾン、フェイスブック、アップル）と中国のBATH（バイドゥ、アリババ集団、テンセント、ファーウェイ）によるグローバルな分断の背景を考察し、個人のプライバシー保護や人権尊重の観点から様々な課題があることを明らかにしている。

　「現代中小企業論の基本問題」（第4章）では、日本の中小企業問題を考える場合には、現代日本資本主義の経済構造全体との関連において考察する必要があること、さらにその発展の基本的な傾向との関連において考察しなければならないことの2点が指摘されており、その上で現代日本の中小企業の存立問題を規定している基本的な要因と新たな展開の可能性について明らかにされている。

　「現代起業論の基本問題」（第5章）では、起業するために必要とされる際立った個人特性がなかったとしても、経験や実践を通した起業学習によって起業家を養成することは可能であるとの認識に基づき、起業学習をキーワードに起業をめぐる諸課題を考察し当該領域における基本問題を明らかにしている。

　「非営利組織研究の基本問題」（第6章）では、非営利組織が現在抱えている課題について財政問題と後継者問題の2つを取り上げて検証し、それらを踏まえた上で非営利組織研究の今後の展開に向けて必要なこととして、オルタナティブな組織としての協同組合の評価、様々な非営利組織による共闘の2点を指摘している。

　第II部は【現代経営学の基本問題】であり、第7章〜第18章まで12の論稿が収録されている。「経営学史の基本問題—作業の科学とマネジメントの科学」（第7章）では、科学的管理法の提唱者であるF.W.テイラーの評価が経営学説史上において未だ定まっていないとし、科学的管理は「作業の科学」であって「マネジメントの科学」ではないとするこれまでの見解を批判的に考察し、テイラーの科学的管理は「作業の科学」に留まるものでは

なく、「マネジメントの科学」の出発点に立つものであることを指摘している。

「科学的管理の基本問題」（第8章）では、F.W.テイラーにより考案された科学的管理の原理と手法を科学的管理が登場する以前のマネジメントと対比する中で明らかにし、企業において人間による労働と技術を組み合わせる形で、有形であれ無形であれ商品の生産が行われる限りは科学的管理の命脈は尽きないことを指摘している。

「経営戦略論の基本問題」（第9章）では、経営戦略概念が濫用されている今日においてはこの言葉の持つ本来の意味が曖昧になり、経営戦略の本質を見誤る恐れがあるとし、戦略概念の要点整理を行うとともに、学説史においては別々の発展を遂げてきた経営戦略論と組織論が近年、近接領域として交わり、双方の知見を取り入れた概念、理論が増えている傾向を指摘し経営戦略論研究の新たな方向性を明らかにしている。

「経営管理論の基本問題」（第10章）では、株式所有（構造）とトップマネジメントをめぐる近年の動向を考察し、所有と経営が分離した現代の株式会社においては依頼人である株主（プリンシパル：principal）と代理人である専門経営者（エージェント：agent）の間に情報の非対称性等のエージェンシー問題が起きることが明らかにされている。さらに機関投資家による投資行動と会社支配をめぐる問題が指摘されている。

「ファイナンス論の基本問題—もの言う株主とショートターミズム」（第11章）では、現代のファイナンス理論における株主価値極大化経営と自社株買い、日本におけるもの言う株主の動向、海外のショートターミズム批判の動きが考察され、もの言う株主の動向が企業経営に及ぼす影響が明らかにされている。

「人的資源管理論の基本問題」（第12章）では、人的資源管理（HRM: Human Resource Management）についてその機能や日本的な特徴、近年の動向、課題等が考察されている。すなわち、HRMの機能については人事管理（PM: Personnel Management）との対比においてその特徴が明らかにされ、さらに欧米諸国のHRMが仕事基準であるのに対し、日本企業のHRMはヒト基準という特徴を有している点が指摘されている。その上でHRMの

新動向と諸課題が明らかにされている。

　「企業福祉論の基本問題」（第13章）では、福利厚生を中核に据えた、企業が従業員に提供する「人に優しい」制度として機能していた企業福祉が、時代の要請や人事・労務管理の課題の変化によりどのような変遷を辿ったのかが考察されている。そしてカフェテリアプランの導入によりそれまでの「企業福祉」が解体されたことが述べられている。

　「生産管理の基本問題」（第14章）では、生産活動の基盤である分業（技術的分業）、生産管理の構成と内容を考察した上で、生産管理の基本問題として①生産管理が生み出す競争力、②ものづくりとアーキテクチャー（設計思想）、③製品プル型産業とデバイスプッシュ型産業、④クリエイティブ産業（ゲーム産業）におけるものづくり、という4項目が挙げられている。

　「企業倫理の基本問題」（第15章）では、企業倫理の基本問題として個別企業倫理、事業者による団体の自主規制、消費者庁を中心とした公的規制体制という3つの領域での基本問題が存在するとし、個別企業の内部制度化、業界団体や経済団体による自主規制、消費者庁を中心とした公的規制体制に関して各々の基本問題を明らかにしている。

　「比較経営論の基本問題」（第16章）では、比較経営論の学説史と現在の研究動向を検証し、比較経営論の目的、方法、意義ならびに今日的課題を明らかにしている。すなわち、筆者によれば比較経営論の目的は各国の企業経営の特徴とその背景を明らかにすることであり、方法についてはその性格上、国境を超えて比較可能な経済・社会データならびに個別企業データを入手する必要があり、困難な研究分野のひとつである。しかしその一方で比較経営論の意義は、①企業経営グローバル化の現実の複雑さを明らかにする、②企業経営グローバル化への対応の在り方の検討に貢献する、③多様に存在する各国企業経営の形を提示することにより経営革新の方向性を示唆する、という3点が挙げられている。さらに比較経営論の今日的課題として「国家資本主義」のもとでの経済大国化、先進資本主義諸国における「ビジネス・システム」の深刻な動揺といった現象とその背景の解明が挙げられている。

　「異文化マネジメント論の基本問題」（第17章）では、文化的差異の把握

や異文化マネジメントの手法の開発が基本的課題として挙げられている。具体的には目に見えない文化をどのようにして測るのか、異文化受容のプロセス検証、異文化トレーニング方法の開発等である。

「「企業と社会」論の基本問題―CSRをめぐる論点」（第18章）では、今日の社会はCSR（Corporate Social Responsibility）、CSV（Creating Shared Value）、ESG（Environment, Social, Governance）、SDGs（Sustainable Development Goals）等、「企業と社会」の関係性を問う種々の概念が普及する一方で、絶え間なく起こる企業不祥事は新自由主義が蔓延する現代資本主義の構造的・制度的な欠陥を示しているとの認識の下、「企業と社会」の関係性を問う問題群を改めて検証し、それらに内在する問題を明らかにしている。

3. 本書の意義と残された課題

最後に本書の意義と残された課題について述べておきたい。上記のように本書が網羅している領域は多岐に渡っている。それらは科学的管理法のような経営学の創成期におけるテーマからGAFAやBATHによるデジタル世界の分断をめぐるテーマに至るまで実に広範囲に及んでいる。本書の読者は、経営学が扱う領域が広範囲に及んでいることを改めて実感したのではないか。そして、各領域において長期間に渡って蓄積されてきた知的財産が存在し、事象をめぐる様々な解釈があり、基本的な問題が内在していることも理解できたのではないかと思う。それこそが本書の意義であり、読者への静かなメッセージである。経営学という学問は実践的な性格を有しているが故に誤ったイメージで捉えられがちである。巷の書店に並ぶビジネスのハウツー本と経営学を同義のものと思い込んでいる人々も少なからずいる。本書は大学で経営学を学ぶ学生を始め、多くの社会人に対して経営学の本質を理解してもらう上で有益な書であり、本書の出版の意義は大きい。

次に残された課題についてであるが、ここでは期待も込めて1点指摘しておきたい。前述したように経営学の射程は拡大し続けており、分析の手

法が拡大のスピードに追い付いていない状況下にある。その結果、深掘り
した分析がなされずに単なるデータの羅列や事象の紹介のみの表層的な研
究も散見される。深掘りした分析を行うためには分析の手法、すなわち方
法論の確立が必要である。方法論（research methodology）については定量
的手法と定性的手法の2種類があり、分析対象によりどちらかを選択する
か、あるいは両者を併用するかの選択が求められる。アメリカ経営学の影
響を受けて最近は統計学を使用した定量的手法が主流となっているが、統
計的な手法は確率論に基づいており、この手法から導出された結果に過度
の客観性を求めることは危険である。その一方で、事例研究に基づいた定
性的手法の場合、分析手法としてフォーマットが確立されているとは言い
難い状況にある。野中郁次郎氏が指摘するように、経営とは1回限りの現
象であり、再現を可能にするような普遍的な法則を見出すことは困難であ
る。そうであるならば、自然科学を模した客観性や普遍的な法則の定立を
追求するのではなく、事象を深掘りすることでその背後に潜む「論理」を
浮かび上がらせることこそが経営学に課せられた命題であると思われる。
その意味で、本書の執筆者には今回提示した基本的問題を分析するための
適切な方法論の確立を望みたいところである。

（ところ　のぶゆき／日本大学）

書評

『ドイツの企業間関係
―企業間人的結合の構造と機能』

山崎敏夫著、森山書店、2019年

松 田 　 健

1. はじめに

　本書は、「現代企業」を「さまざまな形態・方法によって結合し、各種の独占体を形成し、それらの独占体が現代資本主義の再生産構造の基幹部門を掌握しており、現代資本主義の再生産構造＝資本蓄積過程の推進的役割を担っている」ものとして位置付け、これが資本関係や人的結合関係など多様な方法によって協調的な企業間関係を構築し、経営を展開している実態に焦点を当てているものである（1頁）。とりわけその分析の個別具体的対象は、ドイツ産業界における自立した行為主体である個別企業間の相互依存、相互作用のシステムとしての企業間関係の構造と機能、そのドイツ的なあり方、同国資本主義の協調的特質とその関連、企業の行動様式との関連など（はしがき：10頁）に置かれ、いわゆる「ドイツ株式会社」という事象に向けられていることから本書の「守備範囲」は非常に広くなり、近年の厳しい専門書出版の状況下にあるにもかかわらず、函入り544頁という文字通りの「大著」となっている（初出一覧と奥付を除く）。

　著者の山崎氏は既に何冊もの単著を執筆されているが、本書はある意味では氏のこれまでの長きにわたる研究にとってのひとつの総括的性格を持つものとして受け止められよう。ただしもちろんのこと、この評価は本書の公刊を以て氏の研究活動が終わったという意味では決してない。それは

のちに本書の中でも述べられているように、とりわけ1990年代以降から今日に至る時期までの3大銀行による企業間の人的結合関係の通史的解明もまた、氏ご自身が今後の研究課題として想定されていることからもわかる。

2.　本書の構成

　本書は序章と結章とで9つの章と2つの補論とを挟むものになっており、そのうち序章、結章はもとより、第6章、第9章、補論2が書き下ろしである。他方、第3章、第4章、第5章、第7章、第8章ならびに補論1は2018年11月から2019年9月にかけて順次発表された『立命館経営学』所収の論稿がもとになっている。

　また、それぞれ35頁から成る第1章と第2章とは、本書の第1部「戦後の企業間関係と産業集中体制の新しい展開」を、第3章（23頁）、第4章（74頁）、第5章（35頁）ならびに第6章（51頁）は第2部「企業間の役員兼任の構造と機能」を、さらに第7章（19頁）、第8章（64頁）、第9章（16頁）、補論1(40頁)、補論2(48頁)は、「企業間の役員兼任による人的ネットワークの構造」として、第3部を構成している。

　序章では、「企業グループ体制」と「企業間の人的結合」との両面に「研究の課題」が向けられていることが言及されてはいるが（8-15頁）、本書における中心的課題は、ドイツの企業間の「人的結合の構造分析と機能分析」との両者を結合させながらドイツ産業界の分析を試みる、というものであろう。それは本書の部の構成、すなわち第2部と第3部とにおける論考の質量両面における厚みからも見てとれる。第2部の論考では、総じてドイツ企業間に見られる人的結合関係（役員兼任の構造と機能）に、第3部ではむしろ役員兼任を通じたネットワークに焦点があてられ、監査役会（Aufsichtsrat）や取締役会（Vorstand）構成員の兼任の「度合い（程度）」ならびにネットワークの「距離」という概念を使いながら、企業間の結合関係を人的ネットワークという個々の「要素」の側面を整理検討し、次いで兼任を通じたネットワークという事象そのものが、何をどのように産業界全体に影響を及ぼしてきたのかが分析されている。

3. 各部の狙いと概要

　ここからは、本書の3つの部における分析と検討とがどのような狙いのもとにあるのかを、個別にみていくことにしよう。

　第1部では企業間関係に基づく産業集中の体制について、企業グループ体制の面と産業・銀行間の結びつきの面との両面から分析している。

　まずWWⅡ敗戦以降の占領政策による企業グループの解体と再結合ならびに60年代以降の企業集中運動による企業間結合とを分析することで、コンツェルン解体後の再結合が管理に適した規模での大企業の形成や全体の管理構造の単純化を通じた、より徹底的な合理化への前提条件となったことを指摘している。戦後のそれは、アメリカからの導入を契機とする技術革新に対応しつつ、分業化と専門化とを通じた利点追求による量産効果の発揮のための体制を整備し、製品補完による分業のかたちで寡占的競争に適合的な市場セグメントを重視した企業行動を展開するための体制を企業間関係の面から強化するものであり（52頁）、また60年代以降のそれは、より多角化性を帯びた企業グループ化として位置付けられ、全体としてみれば産業部門における全般的・包括的な事業領域での展開が分業的にはかられた、としている。結果としてこうした企業の集中化は、各大企業、企業グループの独自の専門性、優位性を生かした形での棲み分け分業に基づく協調、分業的な市場支配構造のもとで、企業行動をそれまで以上に有利に展開していくための条件を築こうとするものであった（64-65頁）。

　他方、ドイツではWWⅡ以前から産業企業と銀行とが強く結びついていたが、ユニバーサル・バンク・システムをとる特徴的なドイツの金融システムのもとでの株式所有や寄託株式制度、役員派遣・兼任や顧問会制度による人的結合を基礎とした協調的企業間システムが、戦後のドイツ産業システムにおける新たな展開として現れた（77-78頁）。この人的結合についてはとくに90年代以降、ドイツの企業統治問題の中心的問題たる監査役会の機能をめぐる問題として扱われることになるが、本書では銀行による産業企業への影響と併せ、70-80年代の研究に基づいて言及されている（80-

102頁）。銀行の役員や産業企業の役員兼任を通じて形成される人的結合そのものについてと人的ネットワークの構造とは、本書の中心的検討事項として引き続き第2部以降で取り上げられる。

　第2部は役員兼任による企業間の人的結合の構造と機能とを分析している。とくに3大銀行（ドイツ銀行、ドレスナー銀行ならびにコメルツ銀行）、鉄鋼、化学、電機ならびに自動車といったドイツの基幹産業を対象として、どの産業のどの企業とどのような結合がみられたのか、またその構造の解明ならびにこうした結合関係の機能への考察が行われている。

　まず第3章では、銀行の役員の直接兼任構造への分析が試みられ、3大銀行が他社の監査役会および取締役会のそれぞれにおいてどのような直接兼任の関係を築いていたのかをみており、2件以上の兼任関係がみられたケースについては監査役会ならびに取締役会構成員による兼任関係とともに、監査役による他社の監査役会での兼任関係が分析されている。3大銀行による産業企業への人的派遣の状況をみると（114-135頁）、融資先であり投資先でもある産業企業の経営上の戦略的方針の決定、取締役に対する監督権限に加え取締役の人事権をもつ監査役会に向けられている意義が極めて大きいことがわかる。

　第4章では、先述したドイツの基幹産業を対象に、前章と同様、産業企業の役員の直接兼任構造への分析が試みられている。監査役会および取締役会構成員による兼任関係について検討が加えられ、2件以上の兼任関係がみられたケースについても前章と同様に取り扱われている。産業企業間での役員兼任も舞台は監査役会である。また、銀行から派遣され、ある産業会社の監査役に就いている人物がこの会社とはまた別の産業企業の監査役も務めている場合でも、その対象となる産業部門は多岐に渡ることが示されている。こうした点からも、他国ではあまり例がないドイツ固有の企業間関係の構造をみてとることができよう。

　第5章と第6章は、直接兼任を検討の対象としていた前2章に対し、銀行間および産業企業間の役員の間接兼任の構造と機能とを分析している。間接兼任とは2社以上の企業からの派遣者が同一の他社のトップ・マネジメント機関におけるポストに就くことで生じる兼任関係である。2人の人物

（α・β）がある企業Aのトップ・マネジメント機関において協力している
状態にあるとしよう。そのうちの1人（α）は同時にある企業Bのトップ・
マネジメント機関におけるあるポストに就いていて、もう一方の人物（β）
も同様に同時にある企業Cのトップ・マネジメント機関における、あるポ
ストに就いているとする。こうした場合、企業Bと企業Cとは間接的な人
的結合にある、としたものが間接兼任である。競争企業間におけるこうし
た間接兼任はかなりの部分で計画的かつ構造的に設計され、企業間のコン
フリクトが市場でというよりは協議において調整されることでいわゆる
「ドイツ株式会社」と表わされるような産業界に根付いた企業間ネットワー
クを形成した。すなわちドイツ企業の監査役人事にみる役員兼任は、企業
間関係からなる「ドイツ株式会社」を形成する重要な鍵なのである（251-
269頁）。また兼任監査役による人的結合関係とともに産業企業の監査役会
には銀行から派遣された監査役が多い点も指摘されるが、第6章では産業
企業から銀行への監査役派遣は銀行への助言機能の発現として指摘され、
併せてドイツ産業界における緊密な人的結合関係を推測しうる機関として
の管理委員会（Verwaltungsrat）についても言及されている（270頁）。

　最後の第3部では、社会的ネットワーク分析の手法に基づいて監査役兼
任を通じて形成される企業間の人的ネットワークの構造について、とくに
「距離2」（「A社→B社」を「距離1」、「B社→C社」を「距離2」）の関係を重
視して考察されている。この第3部が本書の中心と位置付けられるだろう。

　まず第7章では、ネットワークの凝集性と中核性（中心性測定を通じて
中核的存在をなす企業を摘出）というふたつの側面から、3大銀行の監査
役兼任のネットワークの構造と特徴とを比較分析している（303-319頁）。
この分析を通じて、氏は銀行をめぐるネットワークでは「当該銀行の中心
性が高いであろうという見方」ならびに「銀行の中心性が高いという見方」
の両者ともに該当しないという結論を導きだしている（320頁）。

　つづく第8章では、第7章と同様の手法をトレースしながら、同一産業
内における企業間の関係の分析とともにドイツの基幹産業における監査役
会の人的ネットワークの構造と特徴とを明らかしている。産業企業のネッ
トワークでは、事業上の企業間のつながりの重要性から銀行のみならず産

業企業との深い関係と、隣接度も重い中心的位置をしめる産業企業の数が多いこととが指摘されている（384頁）。

　この第7章と8章とを受け、第9章、補論1ならびに補論2では本書の中核的議論が展開されている。それは前段で展開されたネットワークの「密度」と「中心性」の測定によって把握されたネットワークの構造をもとに、業種間・産業間ならびに業種・産業におけるそれぞれの企業間での共通性と特殊性とに焦点があてられ、銀行と産業企業との間の人的ネットワークの構造比較ならびにその特徴が剔抉されている（387頁以下）。ここでの分析を通じて、銀行を含む企業間のネットワークにおいて銀行の位置付けは必ずしも高くないこと、ならびに同一業種・産業における競争関係にある複数企業のネットワークに中心性の高い同じ企業が属する傾向にあることが示されている。これは、競合企業間での情報の交換・共有、情報収集のルート、基盤が築かれていることを意味し、市場競争よりもむしろ協議による利害調整が行われる余地があることを示している（401-402頁）。

　さらに補論1と2とにおいて、顧問会制度による企業間の人的結合関係の構造と機能とを取り上げている。ここではドレスナー、コメルツ両銀行の地域顧問会の存在と機能とを踏まえながら銀行と産業企業間の人的結合の実態が確認され、この制度による人的結合がとりわけ監査役会を舞台とした役員兼任そのものとは異なる形態での企業間交流・協調、調整を担うことで、役員兼任を通じた人的結合を補完する機能を果たしていることが指摘されている（469-470頁）。

4. 本書の評価

　トップ・マネジメント機関における企業間の役員兼任による人的ネットワークが、産業企業と銀行の間のみならず産業企業間の広範な人的な網の目状のつながり、それが企業間の協調の基盤となっているという基底的理解の下、本書は企業間の人的な結合関係を「密度」と「中心性」という2つのキー概念となる社会的ネットワーク分析の方法を用いて監査役兼任による人的ネットワークの構造の解明を試みるものであった。

これらの分析を通じ、いくつかの重要な点が指摘されている。そのひとつは、3大銀行のネットワークにおいても、銀行は隣接度という点ではネットワークの上位に位置しているケースが多かったとはいえ、中心性という点では最上位層の圧倒的多数を占めるという状況には必ずしもないという点である。ネットワーク関係にあったとしても、銀行が産業企業の経営（経営の戦略的方針の決定や業務執行）に対する主導性を決定的にあるいは最も強く発揮しているというわけではなく、実際の経営の場において銀行の影響圏である「業務支配」が貫徹しているわけではないとも指摘している。

　また、基幹産業の製造業部門や保険業、電力業・ガス産業・エネルギー産業などの企業もネットワーク上の隣接度上位に位置しており、中心性の高い企業はいくつかの重要な業種や産業に分散していることが指摘されている。多種多様な産業の他社との人的つながりの多い企業ほど、業務上にかかわる情報の獲得力が強いと推測されることから、氏は情報の交換・共有、それに基づく自社の経営展開や企業間調整の可能性を指摘している。これは競争関係にある同一業種・産業における複数の企業のネットワークに中心性の高い同じ企業が属しているという傾向からすると、競合する企業間での情報の交換や共有、また情報集積のルートや基盤形成の可能性が高いといえることから、競争よりもむしろ協議というかたちでの企業間コンフリクトが調整されていると理解できるという指摘である。ネットワーク構成企業間の情報の交換・共有を基礎にして、企業間や産業間の利害、コンフリクトなどが市場競争よりは協議において調整されうる可能性を指摘した点も、本書の重要な成果である。

　しかし、本書でも度々断りを入れているとはいえ、本書の対象は1965年株式法後の60年代末の時期のドイツの産業界である。確かに戦後の大企業の解体と1950年代後半以降の再結合によって50年代末頃には産業集中体制の再編が終了した後に、60年代末頃に戦後ドイツの企業間協調システムの基本型が築かれたことはこの時代に目を向けるべき重要な点ではあるのだが、本書を通読する中で「なぜ今、この時代のこの事象をとりあげるのだろうか？」という疑問を最後まで払拭することはできなかった。

　日本には経営学のみならず、社会科学分野全般においてドイツ企業を対

象とした様々な研究があり、その蓄積は厚い。それ故、本書に対してはどうしても「答え合わせ」のような印象を持たざるを得ない。この点は本書の参考文献リストからも同じ印象を受けた。本書を通じて得られた当時のドイツ企業の人的ネットワーク分析からの成果を「現代のドイツ産業界」に向けた場合、どのような視角（見方）、あるいは一定の影響や経路依存性からの知見が提示されているだろうか。ドイツ産業界を形作ってきた過去の経緯は、「今のドイツ」にどのような影響を及ぼしているのであろうか。歴史的な分析視角や当時のできごとを忠実にトレースし、そこから現代への示唆を提示することこそが歴史に学ぶ重要な点だとすれば、本書では残念ながらこの「現代性」という点が薄いといわざるを得ないだろう。

　またネットワーク分析は静的動向に力点が置かれ、動的な視点は弱い。監査役会における大銀行に出自を持つ監査役が会長ポストを占めてきたことはよく指摘され、こうした監査役会内の権力構造への理解があってこそ人的ネットワークの機能を最もよく捉えられることになるが、本書ではそうした動的な視点は弱いといえる。加えて「実際の経営の場において銀行の影響圏である「業務支配」が貫徹しているわけではない」という指摘も、独立した個々の企業が銀行による「業務支配の貫徹」を安易に受容するとは思えず、仮に一定の支配があるとすれば、それはやはり資本関係にも目を向けなければならないだろう。つまり、人的結合関係のネットワーク分析のみからでは「ドイツ株式会社」の全体像をつかむことはできず、したがってどうしても部分最適な分析になってしまうが故に、導き出された「解」が持つべき説明力の頑強性に若干疑問が生じてしまうのである。

　そうはいっても本書は非常に丁寧にドイツ企業の人的ネットワークをつまびらかにしている。氏が言及されているように、本書による60年代からの分析に引き続き、90年代から現在にかけたドイツ企業の人的ネットワークの構造変化と機能変容に向けた分析とそれに基づく氏の論説が強く待ち望まれている。それが本書と結合することで、ひとつの体系的研究として日本のドイツ経営経済学研究に大きな位置を占めるものになるだろう。

（まつだ　たけし／駒澤大学）

A Comparative Analysis of the Implementation of the Sustainable Development Goals by Multinational Enterprises in the Apparel Industry

Kanako NEGISHI （National Institute of Technology, Ube College）

This paper analyzes how the multinational enterprises (MNEs) in the apparel industry (Inditex, H&M, Fast Retailing, and Gap) adopted sustainable development goals (SDGs) in their sustainability efforts from 2000 to 2020. We achieve this by analyzing their sustainability reports. The results show that while they all recognize the labor environment to be their largest concern after 2010, the content in their sustainability reports has not significantly changed before and after the advocacy of SDGs. At best, these companies use SDGs as one of the tools for classifying their current status.

The relationship between MNEs and the United Nations (UN) has transitioned from a confrontational to a cooperative relationship based on global agendas. In the 1970s, political interventions by the MNEs caused the development of the Code of Conduct on Transnational Corporation by the UN. However, owing to a confrontation between countries and policy changes concerning MNEs in developing countries, the Code did not come into effect. In the 2000s, the UN advocated for the UN Global Compact, Millennium Development Goals, and SDGs. These are initiatives that emphasize the partnership between various actors to solve major global problems.

In the backdrop of the inception of these initiatives, the control of individual countries do not have enough effect on the global agendas of MNEs. In addition, there has been technological progress and new actors like non-governmental organizations and civil societies.

These changes are not one-sided. MNEs have also been struggling to accommodate the criticism of their global agendas rooted in global management. Nowadays, many MNEs show how they are responsible to society and amplify their contribution to the growth of SMEs.

Under such circumstances, how can SDGs — the largest global initiative with the potential of effectively achieving the agenda of global governance without a global government — be sustained? To explore this, we analyze the apparel industry, which has been criticized as one of the dirtiest industries. The target companies are more globalized in production than in sales. They have manufacturing contracts with many factories in developing countries where the labor environment is egregious as compared to that of developed countries. Therefore, historically, their reports repeat their concerns about the labor environment, which still has substantial problems. The description does not appear to be significantly affected by the SDGs. The results contribute to the literature on MNEs' global social responsibility.

Environmental Policy and Corporations in the Age of Climate Crisis: Toward Carbon Neutrality and Green Recovery after the Corona Crisis

Haruhiko DOHMAN（Kanagawa University）

Governments, businesses, and civil society have all been called upon to take greater action to address environmental issues. In September 2015, the UN Sustainable Development Summit adopted the 2030 Agenda for Sustainable Development, including 17 sustainable development goals (SDGs). In terms of climate change, the Paris Agreement was adopted at COP21 in December 2015.

Japan's climate change policies have been passive in comparison to the global situation. Looking at the reduction targets for GHG emissions in the Paris Agreement's draft commitments, the EU has set a 40% reduction from 1990 levels by 2030, while Japan has set a 26% reduction from 2013 levels by 2030. However, it has been pointed out that the 26% reduction target is only an 18% reduction from the 1990 level. Besides, Japan's export of coal-fired power generation has been severely criticized by European countries, environmental NGOs, and ESG investors.

This article examines the hypothesis that "external pressures" from other countries have changed Japan's climate-energy policies and corporate management to promote green recovery based on five external factors. The five external pressures are: (1) pressure to increase the Paris Agreement's greenhouse gas reduction targets, (2) pressure on financial institutions from the divestment movement, (3) RE100 and GAFA, (4) the impact of the European Green Deal, and (5) the impact of the U.S. presidential election and green recovery in various countries. These are likely to significantly change the way environmental policy and corporate behavior have been conducted.

The major shift since 2015, when the Paris Agreement and SDGs were introduced, is that the debate on decarbonization is no longer limited to environmental policies such as international climate negotiations, carbon taxes, and emissions trading systems. It has also come to affect corporate activities and industrial policies such as investments, financings and supply chains. This trend has accelerated during the climate crisis and the coronavirus pandemic. In light of the EU and the United States' situation, there is a need for integrated consideration of climate change and energy policies and growth and corporate strategies that take these into account, as well as strategies for their implementation.

The Issues and Tasks of Modern CSR:
In Connection with the Creation of Japanese-styled CSR

Tatsuo ADACHI（CSR Consultant）

Japan has experienced two major disasters over the last 10 years. One is the Great East Japan Earthquake that occurred in 2011and the subsequent Fukushima nuclear accident. The other is the fight against the spread of coronavirus disease (COVID-19) pandemic. COVID-19 remains widespread and has curtailed and constrained human social life; additionally there is increasing anxiety that no concrete solution can be found. These two disasters remind us that it is important to make efforts to prepare for a sustainable society. This study has three characteristics.

First, this research emphasizes the importance of integrating operations with SDGs and CSR in order to effectively achieve the SDGs of creating a sustainable society. We advocate for Japanese-styled CSR that incorporates the spirit of Ishida Baigan's merchantism into Western CSR. Ishida Baigan was a philosopher and a merchant during the mid-Edo period. His philosophy was influenced by Chinese Confucianism, so he was not aware of how the social system could be changed. But, he preached on the right way of individual life under the feudal system. He valued honesty, frugality and solidity. Many of Japan's long-standing companies that value tradition are influenced by Ishida Baigan's merchant road (Shingaku). Ishida Baigan's merchant road is useful in modern society because SDGs and CSR lack an explanation of what is a suitable management philosophy for a sustainable society.

Second, we propose a system that links the management of companies (micro system) that practice SDGs-CSR and the public policy (macro system) that supports it. Effective results of SDGs-CSR cannot be expected without this organic cooperation between micro and macro-systems.

Third, we illustrate what sustainable capital is and how it works from the perspective of three values: economic, natural, and social. Sustainable capital enhances natural values and social values, which form the basis of economic activity. The growth of sustainable capital is based on the premise of not only limiting the use of natural resources to a renewable level, but also enhancing social fairness, such as employment security and respect for human rights.

Delays in MHI's "policy shift" toward decarbonization and Its Causes In the light of the Japanese government's energy policy and its transformation

Toshihide ARAI (Chuo University)

The Paris Agreement adopted in 2015 and which focuses on environmental social governance (ESG) investment has led to the emergence of a market for power generation using renewable energy sources, such as wind and solar power. As a result, the thermal power generation market, which has been the center of the world's power supply, is shrinking.

In response to these changes in the electric power market, General Electric Company (GE), Siemens AG (Siemens), and Mitsubishi Heavy Industries (MHI), which had been developing their power plant business, not only in their home countries but also globally, using thermal power plant equipment, particularly gas turbines, were forced to change their strategies. However, compared to GE and Siemens, MHI has been slower to shift its business strategy. This paper clarifies the factors behind MHI's delay in changing its business strategy by analyzing the external environment of the thermal power plant industry.

This paper concludes that the Japanese government's continued promotion of new coal-fired power generation in Japan, as well as the export of coal-fired power generation, delayed the shift in MHI's business strategy. The entry into force of the Paris Agreement, coupled with the spread of ESG investment, has prompted international and domestic financial institutions to ban loans for coal-fired power generation and declare their withdrawal from investments in projects that do not take measures to reduce greenhouse gas emissions, consistent with the Paris Agreement to decarbonize their operations. In this way, the Japanese government has been forced to turn its back on coal-fired power generation. In response, MHI has been forced to revise its business strategy and shift to a business strategy with decarbonization in mind.

A Study of the Recall Responsibility and the Risk Absorption Theory of the Prime Contractor in Modularization and Parts Commonization

Atsushi SAITO（Tokushima Bunri University）

In the Japanese automobile industry, a pyramidal, multi-level subcontracting structure has been formed. Initially, it was believed that within this structure, the prime contractor bears the risk of economic fluctuations to the subcontractors. However, in the Japanese automobile industry, the prime contractor and the subcontractor have been collaborating on research and development in automobile production, and as a result, the subcontractor has been gaining power. This is why subcontractors are becoming more powerful, and this is also why prime contractors are absorbing the risk of economic fluctuations from subcontractors. For this paper, I researched the subcontractors that are cooperating with Toyota Motor Corporation.

In recent years, intensifying global competition and the increasing use of electronics in automobiles have promoted modularization and commonality of parts in automobiles. Toyota Motor Corporation, as the main contractor, and its subcontractors have been collaborating on research and development for modularization and commonality of parts as in the past. However, the modularization and commonality of parts has led to an increase in the number and scale of recalls. Once a recall occurs, Toyota, as the prime contractor, often imposes heavy recall responsibilities on its subcontractors. In other words, in the midst of modularization and commonality of parts, Toyota may not absorb the risk of economic fluctuations from its subcontractors.

Histrical Alalysis of Interlocking Directorates on the Supervisory Board of Other Companies and Personnel Network of Large German Bank: The Case of Deutsche Bank

Toshio YAMAZAKI (Ritsumeikan University)

Big business systems based on relationships between industries and banks and between industrial enterprises were the cornerstone of German capitalism's accumulation structure, and they were important to Germany's corporate development. A core element of such inter-firm relationships can be observed in personnel connection through interlocking directorates among enterprises. In Germany, the mode of interaction between enterprises differs from that in other countries under the two-layer top management system composed of the supervisory board and the board of directors and universal banking system in which credit and securities businesses are developed by bank. In many cases, members of the supervisory boards of several other enterprises where supervisory board members of a company have interlocking mandates also hold many posts of third-party enterprises. In such cases, the personnel network through interlocking directorates including second-party and third-party enterprises is established. Such a system played significant roles in exchanging and sharing information, coordinating interests, and resolving various conflicts between industry and banks and among enterprises. This paper analyses interlocking directorate by members of the supervisory board and the managing board of Deutsche Bank on the supervisory board of other enterprises in some important periods before and after World War II and the recent period. It also considers personnel network before and after the war using the methodology of social network analysis. Historical changes, characteristics, and significance of system of personnel connections between enterprises in Germany are clarified through such analysis.

Reexamining responsive CSR:
The competitive strategy perspective

Kota HIGUCHI （Chuo University）

Porter and Kramer (2006, 2011) criticize traditional philanthropy and corporate social responsibility (CSR) activities in creating shared value (CSV) and insist that companies must seek and build competitive advantage by focusing on social issues that are strongly related to their business.

They classify corporate efforts to address social issues into two categories based on their relevance to the firm's business: strategic CSR and responsive CSR. The former is more relevant to the company's business than the latter.

However, their article does not adequately answer the question of why strategic CSR helps acquire competitive advantage and responsive CSR initiatives do not.

Therefore, this article examined the possibility that the latter can also contribute to competitive advantage by looking at a case article involving strategic CSR and responsive CSR and conducting interviews.

The case under focus is the "Orgabits" project of Toyoshima & Co., Ltd., a trading company specializing in textiles. It is a business that promotes organic cotton while engaging in various social contribution projects.

The results clearly showed that both strategic and responsive CSR can lead to competitive advantage. In addition, by analyzing both types of CSR simultaneously, this article discovered a "CSR boosting" technique that helps build a strong competitive advantage, such as realizing more unique differentiation and increasing organizational strength.

『比較経営研究』 投稿規程

2004 年 9 月　4 日制定
2007 年 5 月 12 日改正
2011 年 5 月 13 日改正
2015 年 5 月　9 日改正

1）投稿資格

　原則として、当学会会員とする。

2）投稿内容

　経営の比較研究に関する学術論文（以下論文、大会報告にもとづく論文のほか、自由投稿論文も含む）、研究ノート、大会ワークショップ、ミニシンポ等の記録、書評等とし、未発表のものに限る。二重投稿は厳に禁止する。

3）原稿字数

　論文および研究ノートは 20,000 字（英文の場合は 7,500 語）以内、大会ワークショップ、ミニシンポ等の記録および書評は 7,000 字（英文の場合は 2,550 語）以内とする。この文字数には、本文のほかに図表、注、参考文献も含まれるものとする。

4）使用言語

　審査および印刷の関係上、使用言語は日本語、英語のいずれかとする。

　使用言語が母語でない場合は、使用言語を母語とする者の点検を受けたうえで原稿を提出すること。十分な点検を受けていない原稿は受理しない。

5）執筆要領

　別に定める執筆要領にしたがうこととする。

6）原稿審査

　論文あるいは研究ノートとして提出された原稿は、統一論題報告にもとづく論文を除き、審査の上掲載を決定する。原稿の審査は、1 篇につき編集委員会が依頼する 2 名の会員により行う。なお、審査の過程において、編集委員会より、原稿の手直しや、論文から研究ノートへの変更を求めることがある。この求めに投稿者が同意できない場合、投稿者は原稿の投稿自体を取り消すことができる。

7）投稿方法

　論文あるいは研究ノートの投稿希望者は、学会誌発行前年の 8 月末日までに、氏名、所属、職名（大学院生の場合は課程、学年など）、住所、電話、Fax、e-mail アドレス、論文・研究ノート・書評などの別を書き、「執筆要領」に定める数の原稿とファイルとともに編集委員会に投稿すること。その他の原稿については、学会誌発行前年の 9 月末日までに投稿すること。

8）規程の施行と改正

　本規程は、2004 年 9 月 4 日より施行する。

　本規程は、2007 年 5 月 12 日に一部を改正した。

　本規程は、2007 年 5 月 12 日より施行する。

　本規程は、2011 年 5 月 13 日に一部を改正した（3）および 7)）。

　本規程は、2011 年 5 月 13 日より施行する。

　本規程は、2015 年 5 月 9 日に一部を改正した。

　本規程は、2015 年 5 月 9 日より施行する。

　本規程改正は、理事会の承認によって行う。

『比較経営研究』 執筆要領

1) 原稿用紙は A4 用紙を使用し、1 頁あたり 40 字×30 行、横書きとする。活字は 10.5 ポイントのものを使用する。英文の場合は A4 用紙にダブル・スペースで印字する。

2) 英文アブストラクト（30 行以内）を巻末に一括して掲載するので、執筆者は英語を母語とする人からチェックを受けたものを用意し、最初のページに添付する。

3) 統一論題報告をもとにした論文や書評を投稿する者は印刷した原稿 1 部と電子ファイルを、それ以外の論文や研究ノートを投稿する者はレフリー制度に基づき編集するため原稿 3 部と電子ファイルを、編集事務局宛に送付するものとする。付表は、必ず原稿の本文中か、末尾に一括して綴じるものとする。

4) タイトル・目次・本文について
   イ）本文の冒頭にタイトル、氏名、勤務先を付記する。例 「経営太郎 （比較大学)」
   ロ）査読の対象となる投稿の場合には、原稿には氏名、勤務先を付記せずに、別紙に連絡先（住所・電話番号・e-mail）とあわせ記載し、原稿とともに提出する。
   ハ）章・節・項の見出しは、それぞれ1、(1)、①とし、「項」以下の見出しはa)、b)、c)とする。
   ニ）大学院生の場合は所属を「経営太郎 （比較大学・院)」とする。

5) 注・文献リストについて
   イ）本文中、当該箇所の右肩に1)、2) のようにつける。
   ロ）注および文献リストは、本文の文末にまとめて付す。
   ハ）一つの注のなかで複数の文献を列挙するときは、長くなる場合でも改行をしないことを原則とする。

6) 図表について
   イ）図および表はそのまま印刷できるよう鮮明なものを用意する。印刷所で新たに作る場合は実費負担を求めることもある。
   ロ）図表の番号と標題を、図の場合は図の下に、表の場合は表の上に記す。図1、図2、表1、表2のように図表は別々に、一連の番号を用いる。
   ハ）図や表の典拠などは図や表の下に注記する。

○ 著者校正を実施するが、編集上の重大な誤りを防ぐ目的であり、新たな文章を加えないものとする。
○ 予め決められた原稿字数と原稿締め切り日を厳守するものとする。
　［付則］2004 年度第 2 回理事会（2004 年 9 月 4 日）改正
　［付則］2007 年度第 3 回理事会（2007 年 5 月 12 日）改正
　［付則］2010 年度第 2 回理事会（2011 年 5 月 13 日）改正 (3) の一部)
　［付則］2016 年度第 2 回理事会（2017 年 5 月 12 日）改正 (1) 2) 5) および○の一部)
　　　ならびに追加 (6))

編集後記

『比較経営研究』第45号をお届けします。本号は、2020年11月13日（金）〜15日（日）の日程でオンラインにて開催された日本比較経営学会第45回全国大会における統一論題「CSRの再検討：CSV経営の可能性と課題」での研究発表、同論題に合わせて企画された講演会（「日本企業によるCSR、CSV、SDGsへの取り組みをめぐって」）、そして自由論題での研究発表をベースに編集されています。

第45回全国大会は、コロナ禍により対面開催を断念せざるを得ませんでした。また例年よりも約半年遅れの開催となりました。そうしたなかでも、ホスト校である東洋大学の皆様（大会実行委員長：劉永鴿会員）にご尽力いただき、大変充実した大会となりました。

本号には、大会統一論題「CSRの再検討：CSV経営の可能性と課題」にかかわる特集論文2本とソーシャルプロダクツやサステナビリティ活動に関する講演会記録を掲載しています。社会的課題の解決に向けて企業とステークホルダーがどのような関係を構築していくべきかを考えるためのヒントを得ることができます。是非ご一読ください。

また、本号には例年の2〜3倍にあたる自由投稿論文の投稿がありました。査読審査を経て、最終的には論文4本、研究ノート1本を掲載しています。どの研究も企業の社会性を考えるうえで示唆に富むものとなっています。

『比較経営研究』第45号の刊行にあたり、ご投稿くださった会員の皆様ならびに、ご多忙な中、査読審査を快くお引き受けくださった会員の皆様に心より御礼申し上げます。

最後に、文理閣の山下信様ならびに編集委員各位には多大なご協力を賜り厚く御礼申し上げます。

2021年8月

日本比較経営学会　学会誌編集委員会委員長　島内　高太

日本比較経営学会

Japan Association for Comparative Studies of Management

　「企業経営の理論と現実を市場・社会体制との関連で比較研究する」ことを目的
に、1976年4月創立された。年次研究大会、部会の開催および学会誌の刊行など
の研究交流事業を行っている。本学会はこれまでに『会社と社会―比較経営学の
すすめ―』（文理閣、2006年）、その英語版である Business and Society‒New
Perspective for Comparative Studies of Management, Bunrikaku Publisher, 2007 などを刊
行してきた。

　本学会の概要、加入方法、連絡先については以下の本学会ホームページに掲載
している。https://www.jacsm.net

CSRの再検討 ―CSV経営の可能性と課題―

比較経営研究　第45号

2021年10月20日　第1刷発行

編　者　日本比較経営学会

発行者　黒川美富子

発行所　図書出版　文理閣
　　　　京都市下京区七条河原町西南角　〒600-8146
　　　　電話 075‒351‒7553　FAX 075‒351‒7560

ISBN978‒4‒89259‒896‒8